入社して3年間はとても大事
伸びるためのヒント42

渡辺 幸啓

本の泉社

はじめに

「社会人になってからの三年間はとても大事だよ」。

あなたは、この言葉を聞いたことがありますか？

わたしはいま六〇代。新入社員のころ、先輩や上司からよく言われて、強く印象に残った言葉でした。そしてサラリーマンを四〇年続けてきて、あらためて「そのとおりだな」と実感しています。


わたしがキヤノン株式会社に入社したのは一九八一年。中学生時代から写真を撮るのが好きで、愛用していたカメラはキヤノン製でしたから、商品企画のような仕事を希望していました。

実際には、人事総務部門を振り出しに、経営企画部門や渉外広報部門などでいろいろな仕事を担当することになり、海外駐在を含むさまざまな経験をさせてもらいました。

二〇代三〇代のころを思い出して「恵まれていたな」と感じるのは、新しいことへのチャレンジをつねに求める刺激的な上司や、取り組んでいる仕事の意義や背景をていねいに教えてくれる親切な先輩たちに囲まれていたことです。

四〇代になってから、そうした経験をまわりの若手に伝えようと意識するようになりました。いわば「恩返し」です。新入社員の人たちと面談する機会があると、伝えたいことの要点を箇条書きしたメモを用意して、それに沿って話をしたりしました。これまでに上司や先輩から教わったり習ったこと、そして自分が感じたり考えてきたこと、などなど。

この本は、そうしたメモを原点に、主に文系出身で事務系の仕事に携わっている二〇代の若手のみなさんにとって、参考になるかもしれないなと思うことを「伸びるためのヒント」という視点からまとめたものです。

むろん理系の人も同じ社会人ですから、文系に限るわけではありません。ただ、わたし自身の仕事のありようからして、具体的な事例は文系中心になるということです。

本書は七つの章で構成しています。一週間の「集中講義」になぞらえました。大きくテーマをグルーピングしたとはいえ、むろんすべては関連していて重なり合っています。それぞれの章の趣旨は扉に記しました。また、ちょっとしたアドバイスや豆知識を「まみむＭＥＭＯ」と題して、別にまとめています。

二〇代のあなたからすると、六〇代のわたしは親より年上だったりしますから、心理的な距離を感じるかもしれません。でも、会社という組織は多世代で構成されていて、年齢差を超えてベテランと中堅と若手が協同するところに良さがあります。

ですからわたしは、後輩であるあなたにとても親近感を覚えながら、こんなこともあんなことも伝えたいという気持ちで、週末にキーボードをたたきました。社会人になってからの四〇年近くの歳月をたどりながら。

なお、本書では、上司や先輩があなたへアドバイスしたいけれども、あるいはちょっと注意したいけれども、面と向かっては言いにくいかもしれないなと思われることも書きました。ときにお説教っぽく聞こえるところがあるかもしれませんが、具体的事例をたどってみれば、大事なことだとおわかりいただけるでしょう。

さて、二〇代のうちは、上司や先輩から言われるとおりに仕事をしているだけでも、経験による慣れから自分の能力が年々伸びていくような気になります。

しかし、自分で考えて主体的に仕事を進めるということを怠っていると、三〇代になったころには「難しい仕事は頼まれない人」になってしまいかねません。難しい仕事というのは、「やりがいのある仕事」と同じですから、ことは重大です。

ぜひ、社会人になってからの三年間くらいのうちに、仕事に取り組む意識や姿勢、仕事を手際よく進めるコツ、仕事を進める上での人との関わり方など、基本的なことをしっかりと身につけてほしいと思います。

日本ではここ数年、官民あげて「働き方改革」に取り組んできました。その目的は、長時間労働を是正してワークライフバランスを保つこと、女性の活躍を推進すること、ホワイトカラーの生産性を向上させることなど、多岐にわたります。
この改革に大きなインパクトを与えたのがコロナ禍です。一気に在宅勤務が普及しました。そして、テレワークでの上司や同僚とのコミュニケーションのあり方や、仕事の成果をどのように評価するかなど、新たな課題がクローズアップされました。
これをチャンスととらえましょう。会社で働くという本質は変わりません。本書で語る考え方の基本をしっかり捉え、状況の変化を考え合わせながら、応用してほしいと思います。

ともあれ、その際に大切なことは、頭で理解したことや納得したことはそれで満足してしまうのではなく、「ちょっとの勇気」を出して実践してみること、行動に移してみることです。そのことであなたは社会人としてどんどん伸びていきます。

この本が少しでもあなたのお役に立つことを願っています。

目次

はじめに……3

第1日……15

1 目立つのはいいこと(16)
2 質問できる絶好のチャンス!(18)
3 らしいことをする(20)
4 「外見はいちばん外側の中身」(22)
5 すたすた歩くと得をする(28)
6 恥をかくから進歩する(34)
7 「元気はカラ元気のあとからついてくる」(38)

第2日 …… 43
8 「すみません」を言わないために (44)
9 手を抜かない、横着しない (50)
10 自社のことを説明できますか? (54)
11 フルネームを言えますか? (58)
12 言葉は大切に (62)
第3日 …… 69
13 とにかく「報告」 (70)
14 伝言メモは「連絡」の基本 (76)
15 聞く/聴く/訊く (83)
16 情報収集――アクティブとパッシブ (87)
17 話すスキルを高めよう (91)
18 あなたはかわいい人ですか? (101)

19　ファイリングもコミュニケーション　104

第4日　111

20　Are you ready?　準備できていますか?　112
21　好奇心の感度を上げて　116
22　「周囲」を見まわす　120
23　「学校出たら、勉強しよう」　124
24　文章力を高めるためのこだわり　130
25　フローをストックに　134
26　情報を立体化する　138

第5日　143

27　あなたの背中を押す読書　144
28　本を読むのは自分への投資　146

29 一年一〇〇〇〇頁はむずかしくない 148
[番外] わたしの読書ノートから 154

第6日 161

30 組織の一員として組織を活かす 162
31 優先順位を考えて仕事を進める 165
32 良いマイペースをつくる 168
33 「早い」(early)の効用 172
34 まずはゼロから始めてみる 177
35 難易度の高い業務に挑む 179
36 別の立場になって考える 181

第7日　185

37　自分を覚えてもらおう（186）
38　「憧れの人」を見つけよう（189）
39　守備範囲を大きくとろう（193）
40　企業理念をつかもう（198）
41　グローバルを意識しよう（202）
42　変化・変身の一翼を担おう（205）

おわりに　210

まみむMEMO

名刺を大切に（27）
恥の功名（37）
「どうせ」の怖さ（48）
社名の奥深さ（56）
新聞を読もう（57）
上司を助ける（75）
急がず焦らず慌てずに（82）
メモを取る（86）
頼むときは自分が出向いて（90）
復唱の効用（96）
挨拶もところ変われば（98）
六通りの認知過程（108）
求める人物像（119）
宮崎駿監督の言葉（123）
「本を読め、人に会え、そして旅をしろ」（159）

カット＝前枝麻里奈

marina

第1日

入社してしばらくは
期待と不安に満ちていて当然です。
そのときどんな心構えで臨むか、
また、注意しておくべきことは何か。
まずはそこからはじめましょう。

1　目立つのはいいこと

あなたは、目立つのが好きですか、嫌いですか。

目立つというと、派手な服装をしたり、にぎやかに騒いだりということをイメージするかもしれませんが、そうではありません。見た目とか性格はさておいて、仕事のこと。そうです、仕事を通じて目立つのは良いことなのです。

いいかえれば、仕事に励むなかで「頭角を現す」ということ。

『語源由来辞典』に、「頭角を現すとは、才能・知識・技量などが他の者よりすぐれ、際立って目立つようになること」とあります。ちなみに、頭角とは「頭の先」「獣の角」で、「獣の群れの中で、頭の先が他のものより抜きん出て、一際《ひときわ》目立つ意味から生まれた語」だそうです。

「目立つ」の対義語は「目立たない」ですが、Ｗｅｂｌｉｏ辞書で「目立たない」の類語を引くと、次のような単語がずらっと出てきてびっくりします。

光の当たらない・陽の目を見ない・日陰者の・脚光を浴びない・注目されない・顧みられない・際立たない・目に留まらない・ツキに見放された・不遇の・マイナーな・消極的な・影が薄い・いてもいなくても変わらない・輝きのない……

むろん、「出しゃばらずに」「慎ましく」「物静かな」「しゃしゃり出ない」といった、いい意味の類語もありますが、ほとんどがパッとしないものばかり。

せっかく社会人の第一歩を踏み出すのです。

ぜひ、仕事を通じて目立ちましょう。頭角を現しましょう。

これから語ることはそのためのヒントです。

2　質問できる絶好のチャンス！

新入社員は「特権階級」です。

なぜならば、新人は、知らないこと、わからないことがあって当然ですから、まわりの人に何を聞いても尋ねても大丈夫だからです。

先輩たちにとっても、質問されるのは嬉しいことです。「そうだよね。初めはわからないよね」とか「自分も新人のころ、そのことがとっても不思議だったよ」などと優しく受けとめ、とても親切に答えてくれますよ。

「特権階級」である今を活かしましょう。

数年もすると、「この会社に入って何年たっているの？　そんなことも知らないで仕事していたのか」と言われそうな気がして、いまさら聞けないということが起きるかもしれません。いまがチャンスです。

知らないことを知り、疑問を解決する手段のひとつとして、社内を手ぶらで歩かず、いつでもメモが取れるようにノートとペンを携帯することをおすすめします。いまはスマホの時代で、メモだけでなく音声や画像も記録できますが、スマホが使えない、あるいは使いにくい場面・状況もありますからね。

人は、理由や理屈がわかって、かつそのことに共感できると、素直に、さらに言えば、心から協力しようとかやってみようと思うものです。

ただ、ここで注意しておかなければならないことがあります。説明されても納得できず、もしかしたら理不尽に感じたりすることがあるかもしれません。そのときは疑問が解消するまで、自分のなかであたためましょう。「会社に入ったら三年間は『はい』と答えなさい」という言葉もありますから（後述）。

ともあれ、まずは疑問に思う感性を磨く。そして、わからないことは質問するなり、自分で調べるなりして、疑問を解消する習慣をつける。これはとても大事です。

3　らしいことをする

人生には、いろいろな節目があります。なかでも、小学生から大学生までの一六年間にわたる学生生活を終えて社会人になる節目は、それ以前の、高校生から大学生になるといった変化とは違う意味を持ちます。

学校が「学ぶ」という意味でインプットの場とすれば、会社は「働く」という意味でアウトプットの場になるからです。

このとき、社会人になってからの三年間はとても大事です。

何が大事かというと、三年くらいの期間に社会人としての基本を身に着けたかどうかが、その後の社会人人生に大きく影響してくるように思えるからです。

たとえば、三〇代なのに名刺交換の仕方がぎこちない人、書類を綴じるクリップやステープラーの留め方が雑や下手な人を見ると、「この人は新入社員時代に、まわりの先輩や上司にかまってもらったり、注意されたりする機会があまりなかったのかな」などと思ってしまいます。

「らしいことをする」とは、その時々に「するべきことをする」という意味です。新入社員の時には、新入社員らしいことをする。裏返して言えば、新入社員のときに新入社員らしいことをせずに、いつまでも大学生の延長のような言動を続けていると、まわりの先輩や上司は、誰もあなたの相手をしてくれなくなります。

たとえば、新入社員向けの本は無数にあります。そのなかから数冊を、新入社員の時期にきちんと読むかどうか。

「そんなことは大したことではない」と思うかもしれませんが、甘く見てはいけませんよ。

4 「外見はいちばん外側の中身」

仕事をする時は、しゃきっとしましょう。

あなたがしゃきっとしていると、まわりからはあなたがしっかりしていると感じられます。そうすると、「あの人はしっかりしているから大丈夫だ」といった、信頼や信用が生まれます。

Weblio類語辞書で「シャキっとする」を引くと、二つの意味が出てきます。

その一は「神妙な心持ちになり体の構え方を正すこと」。類語として「姿勢を正す・襟を正す・居住まいを正す・背筋を伸ばす・しっかりとする・ビシッとする・態度を改める・きちんとする・キリッとする」など。

その二は「緊張感を高めること」。類語として「気を張る・緊迫感を漂わせる・神経を尖らせる・眉宇《びう》を引き締める・気持ちを集中させる・気を引き締める・ピリッとする」など。

言葉の意味をとらえたうえで、ここで確認したいのは、その心構えのうえであらわれてくる外見と行動のことです。

具体的な事例で考えていきましょう。

第一に「身なり」です。

「人は見かけによらぬもの」ということわざがあります。「人の性格や能力は、外見だけではわからないということ」（故事ことわざ辞典）ですが、裏を返せば、わたしたちは他人のことを、見た目、見かけ、外見で判断してしまうということです。

天野祐吉さんという広告評論家の名コラムニストがいました。二〇一三年に八〇歳でお亡くなりになりました。

彼が朝日新聞に長年にわたり連載していた名コラムが「ＣＭ天気図」。うろ覚えですが、そのコラムで天野さんはこんな趣旨のことを書いています。

江戸時代まで日本人の大半は、生まれ育ったところから徒歩で出かけられる数十キロメートル圏内に住んでいる限られた人しか知らない。したがって、まれに旅人など未知の人を見かけた際の警句として、「人は見かけによらぬもの」ということわざが意味をもった。

しかし、明治時代になってからは交通手段が発達し、人々は遠距離を容易に移動できるようになる。また、今日では各種メディアが発達したおかげで、私たちは直接会ったことのないいろいろな人を知っている。したがって、いまでは見かけで人を判断できるのだ……

「なるほど」ですね。

また、グラフィックデザイナーの佐藤可士和さんが天野さんと対談した際に、天野さんが次のようなことを言われたそうです。
「外見と中身を分けて考えている人がいるが、外見はいちばん外側の中身なんです」。
これも、「なるほど」です。

話が遠回りになりましたが、髪型やメガネ、服や靴、アクセサリー、そして、かばんや名刺入れ、ペンや手帳などの持ち物で、あなたがどういう人なのかを他人は判断しがちだということ。しかも、第一印象は、その後もなかなか変化しない、改まらないものですから、厄介です。

仕事における身なりは、あなたがあなたの仕事をするうえで、どういうものがふさわしいかという視点で選ぶべきです。この場合の「ふさわしい」とは、信頼・信用を得られるかということと同義です。

そのうえでいまひとつ。
仕事中にネクタイをゆるめたり、Ｙシャツの上のボタンを外したりしている人がいます。なかにはカッコつけてそうしている人もいるようですが、それはやはり会社ですべきことではありませんね。

四〇代のとき、ある三〇代の部下にこのことを注意したところ、「首回りがきつい」と言い訳をしてきたので、「だったら、きつくないサイズのYシャツを買えばいい」と返したところ、「お金が無い」とさらに抵抗したので、「君の給料にはきつくないYシャツを買うための金額が含まれている」と、熱くなってしまったことがあります。

天野さんの名言を借りれば、「外見はいちばん外側の中身」です。ネクタイをゆるめたりボタンを外したりするのは、やはり緊張感の欠如とみられてしまうおそれがありますよ。終業後に居酒屋へ行ってからリラックスし、存分にネクタイをゆるめボタンを外しましょう。

まみむMEMO

名刺を大切に

名刺入れをつねに持っていますか。名刺交換の際に、あわててカバンの中をもぞもぞして、相手を待たせる人がいます。あるいは、名刺入れではなく、財布の中から名刺を取り出す人がいます。それはいささかみっともない。

また、「今日は名刺を切らしてしまいまして」などと情けないことを言う人がいます。社外研修や異業種交流会などに参加すると、予想外に多くの人と名刺交換をする機会があります。名刺入れの他にカバンの中に予備を用意しておくと安心です。

いただいた名刺は日を空けずにきちんと整理しましょう。ゴム輪で留めた名刺の束を机の引き出しに入れている人がいますが、論外です。名刺整理のフォルダーにファイルするのでも、名刺管理ソフトでデジタル化するもよし。

いつどこでお会いしたのかと、印象に残ったことをメモしておくと、再会する際などの貴重な情報となりますよ。

5　すたすた歩くと得をする

「しゃきっとする」の第二。態度や振る舞いです。

まず歩き方のこと。わたしが三〇代前半にオランダに駐在していたとき、オランダ人の人事部長から思いがけず褒められたことがあります。

会社の廊下を歩いている際、後ろから来るのが日本人かどうか、簡単にわかる。なぜなら、日本人は靴底を引きずってちんたらと歩くから、嫌な音がする。オランダ人は、けっしてあのようなみっともない歩き方はしない。子どものころに親から歩き方を躾けられている。その点、あなたは日本人としてはめずらしく、すたすたと歩く……

言われてみるとたしかに、多くの日本人駐在員はそんな歩き方をしていました。

本人はもしかしたら気づいていないかもしれません。しかし、意識しないままに、靴底を引きずって歩くのは、やはり「損」です。ときには、やる気や気力の無さ、不満のあらわれと受け取られるおそれさえあります。

しゃきっと背筋を伸ばして、すたすたと軽快に歩いたほうが「得」ですよ。

ついでにいえば、席に座っているときに靴を脱いで仕事をしている人がいます。上司などに呼ばれると、あわてて靴を履くのでワンテンポ遅れます。

同様な例では、会社にいる間、「おじさんサンダル」に履き替える人がいます。歩くとオフィスにペタペタという音が響きます。

どちらも褒められる話ではありませんね。

また、ガムを噛みながら仕事をしている人がいます。一人で残業しているならいざ知らず、クチャクチャというガムを噛む音は、はた迷惑です。

ガムといえば……、毎日放送が制作している「情熱大陸」（二〇一六年一〇月）の放送で有名になった話ですが、広島カープの「神ってる」男、鈴木誠也選手が、メジャーリーグから戻ってきた黒田博樹投手に、「試合中にガムを噛むな」と忠告された話を知っていますか。

番組のなかで鈴木選手は、黒田投手から言われた話を、次のように述懐しています。


「イチローさんとか松井さん（ガムを）食ってるか。食べてねえだろう」

「守備つくときとか、絶対に食べるなって言われて」

「ピッチャーに（ボールを）当てられるぞ。調子に乗ってると思われるぞ」

「自分に損なことはするなって言われて」

「グランドに出るときは食べないようにしてますね」

「食べたら黒田さんに怒られるんで」

きちんと注意した黒田投手も、真摯に受けとめた鈴木選手もさすがです。ガムくらいと思わず、時（Time）と場所（Place）と場面（Occasion）、つまりＴＰＯをわきまえるように心がけましょう。

そうした心づかいが信用度アップにつながります。


次に言わなければならないのは腕組みのこと。

腕組みがクセになっている人がけっこういます。

考え込むときに腕組みをするのはよくあることですが、じつはこの腕組み、「拒絶」を意思表示するボディーランゲージでもあるのです。

だから、他人の話を聞く際に腕組みをしたりすると、とても失礼な態度になりかねません。無意識にやっている人は注意したほうがいいですね。


この項の最後は、立っているときの注意。

立って休憩したり時間待ちしたりするのはよくあることですが、壁に寄りかかるのがクセになっている人がいます。そのことじたいは一概に否定できませんけれど、ときにはとても危険です。話を聞いているときまでそんなふうだと、失礼というだけでなく、事故のもとになりかねません。

実際、わたしの目の前でこんな事件が起きました。

管理職一〇〇〇人がホールに集まり、みんなが緊張して社長の話を聞いていたときのことです。場内が突然、「暗黒の世界」になってしまいました。これは、係員としてその会場にいたある若手の社員の肘が照明のスイッチに触れたからでした。疲れたのか、あるいは楽をしようと思ったのか、それとも単なるクセか、立ちながら壁に寄りかかったことが原因です。

むろんすぐに復旧したとはいえ、消えた瞬間は何事ならんと騒然としました。このとき、くだんの若手社員はとても恥ずかしい思いだったでしょうし、上司からも苦言を呈されたことでしょう。

体調がすぐれないときはともかく、ふだんなら一時間くらいはしゃきっと立っていられるように体力をつけ、緊張感を保つ姿勢でありたいものです。

前項とこの項は、「しゃきっとする」をテーマに語りました。事柄の性格上、いささかお説教っぽく聞こえたかもしれませんが、やはり社会人として大切なことであり、案外うっかりしがちなことでもあります。

ここにあげた具体的事例をみて、そういえば似たようなことがあったと思いあたるところがあるかもしれません。

6　恥をかくから進歩する

会社に入って張り切っているとき、本業とは別に、さまざまな役回りをさせられたりするものです。

たとえば、所属する部の歓送迎会の幹事を頼まれたり、労働組合の職場委員に選ばれたり。

こうしたことをめんどうに感じる人も多いかもしれませんが、何事もやってみると良い経験になりますし、勉強になります。

とくに歓送迎会の幹事など、若い人たちが大好きな「企画」の仕事に他なりません。参加予定者の嗜好を考慮して料理を選び、店を決め、座席配置はどうするか、挨拶の順番はどうするか等々、心のこもったすてきな会になるようにと、いろいろなことを考えて準備するには、企画力が試されます。

そして、こうした役を引き受けて何よりもうれしいのは、感謝されることです。幹事をしたことがある人は、幹事の苦労を知っていますから、自分が幹事ではない場合は、その時の幹事に対して労をねぎらう言葉を掛けるといった心づかいができます。いわば同志です。

一方、幹事のような面倒な仕事からいつも逃げている人は、「この料理であの会費では高いよね」などと、幹事の苦労も知らずに平気で文句を言いがちです。

さて、ここで言いたいのは、さまざまな役回りを経験するなかで、失敗して恥をかくこともあるかもしれませんが、それも貴重な経験だということです。

あたりまえですが、恥をかけば、恥ずかしい思いをします。それが大恥であれば、顔が真っ赤になったり、穴があったら入りたくなったりすることもあるかもしれません。

でも、恥をかくことにより、自分に何が足らないかを自覚できるというメリットは、とても大きいですよ。

恥をかいた原因は何でしょうか。準備不足？　経験不足？　知識不足？　あるいは気合が入っていなかったのか？

恥ずかしい思いは、できれば二度としたくはありません。ですから、恥をかいた人は、同じ過ちを犯さないようにその原因を考え、自分に不足していることを補おうと努力するでしょう。

そして、そのことにより進歩し、成長します。

このとき、「知ったかぶり」をしないことも大事です。「聞くは一時の恥、聞かぬは一生の恥」です。知らないことは素直に質問すればいいし、自分で調べて知ればいいだけのことです。

まみむMEMO

恥の功名

フリーアナウンサーの川田裕美さん。彼女は、和歌山大学の学生時代にアナウンサーを志し、二〇〇六年に卒業するとともに大阪の読売テレビに就職して夢をかなえました。局アナとして「情報ライブ ミヤネ屋」を担当するなど活躍。そして、二〇一五年にフリーアナウンサーに転じました。

その川田さんにあるチャンスが訪れたのは二〇一六年。日本テレビの「世界一受けたい授業」でスキップをさせられたところ、まったくできませんでした。無様な姿をさらして「笑い者」にされてしまいます。

しかし、その「ヘンテコスキップ」がかわいいと評判に。その結果、「スキップのできない人」として人気が上がり、仕事が増えました。恥をかくのを嫌がっていたら、いまの彼女はなかったかもしれませんね。

7 「元気はカラ元気のあとからついてくる」

わたしの大好きな言葉です。教えてくれたのは会社の大先輩である金子徹《とおる》さん。わたしは入社したばかりで、新入社員研修の一環として、販売実習中のときでした。この販売実習は、与えられたテリトリーにある会社や店舗を毎日、何十軒もアポなしで訪問して複写機を売り込むというもの。でも、当然ながらそうは簡単に売れるものではありません。

ついこの間まで学生だったわけですから、わたしたちの多くは心身ともに疲れてしまいました。暗い顔で下を向きがちになり、「何でこんな販売実習をしなければならないんだよ」という不満が顔にあらわれたりしていたのでしょう。

そうしたある日、販売実習中の新入社員三〇人が会議室に集められました。

金子さんは当時、営業本部長です。学生時代は世界選手権級の柔道の腕前だったと聞きましたし、そうだったのだろうと思わせる恰幅の良い体格でした。その金子さん、会議室に集まった私たちにこう言いました。

利き腕をまっすぐ下に伸ばして、思いっきり力を入れて拳を握ってごらん。どうだ。元気が湧いてくるだろう。元気が無いときは、元気になるのを待っていても、いつ元気になるかわからない。元気が無いときは、こうやってカラ元気を出してみると、不思議と元気になるものだ。騙されたと思ってやってみなさい。

金子さんは、営業の仕事において、とにかく明るいことが大事だと確信していました。この「元気はカラ元気のあとからついてくる」という理論はとてもわかりやすく、実際、無用な緊張がほどけて、みんなの顔が明るくなったことはいうまでもありません。

次の漢詩は彼の座右の銘です。彼はその漢詩を記した約三センチ四方のゴム印を特注し、営業本部員全員の名刺の裏に押させ、外回りの際にその名刺を持たせました。

陽気発処……陽気発するところ
金石亦通……金石《きんせき》また通す
精神一倒……精神一倒《いっとう》
何事不成……何事かならざらん

営業にかぎらず、組織で働くうえで、「明るい」ことは第一に大事です。

その後、いくつも同様な趣旨の言葉を知りましたから、そこからひとつふたつ。

「大きい声を出して、いつも元気にニコニコしていれば、たいていのことはうまくいきます。」

これは、樋口廣太郎さん（一九二六～二〇一二）の言葉です。

樋口さんは住友銀行（現・三井住友銀行）の副頭取でしたが、一九八六年にアサヒビールの社長へ転じました。そして、一九八七年に「スーパードライ」を発売するなどにより、業績不振だった同社を再建した人です。

「仕事をするときは上機嫌でやれ」

じつはこの言葉、酒屋さんでもらった日めくりカレンダーで知りました。いい言葉だなと思ったものの、誰か特定の人が遺した言葉だとは思っていませんでした。ところが試しに検索してみたら、一九世紀から二〇世紀にかけて活躍したドイツの経済学者、アドルフ・ワーグナーの言葉だという（有名な作曲家、リヒアルト・ワーグナーの言葉という説もあって、これにはびっくりしました）。ともあれ、その全文はこうです。

「仕事をする時は上機嫌でやれ。そうすれば仕事もはかどるし、身体も疲れない」

そのとおりだと納得しますね。

marina

第2日

さて、少しずつ会社の雰囲気に慣れてきました。
こういうときこそ社会人としての常識が問われます。
そしてそれは仕事に向かう姿勢に大きく関係します。
いわば「基本のキ」。
すでに耳にタコかもしれないけれど、
あらためて整理しておきましょう。

8 「すみません」を言わないために

時間を守ることは、信頼され、信用されるための基本です。

時間を守るということにはいくつかの側面がありますから、具体例をあげてみます。

電車が少し遅れたくらいで始業時刻に間に合わない人がいます。

これは、そもそもふだんから家を出る時間をぎりぎりに設定しているからです。余裕をもって家を出ればいい。そして、これはリスクマネジメントです。

「朝に五分遅れた分、夕方五時終業のところを五時五分まで働くからいいじゃないか」と反論する人は、組織で働くことの基本がわかっていないし、周囲への配慮に著しく欠ける自己中心的な考えです。

たとえば、サッカーや野球の試合は、定刻が来れば開始されますね。そのときに間に合わない選手は、遅れた理由にかかわらず、試合に出場できないだけです。そんな人をチームの一員にしたいと思いますか。

コメディアンの志村けんさんは、新型コロナウイルスへの感染により、二〇二〇年三月二九日にお亡くなりになりました。享年七〇。

悲報を受けてテレビ各局は志村さんが出演した昔の番組を放送したり、縁のある人のコメントを紹介したりして故人を偲びました。

タレントの中山秀征さんは、自身がMCを務める「シューイチ」（日本テレビ）で、志村さんにインタビューした際の思い出を次のように語っています。

インタビュー当日、中山さんは大先輩である志村さんよりも早く収録場所に到着するつもりで出かけたのに、志村さんはすでに現場入りしていたそうです。中山さんが、「師匠、こんなに早く来なくてもよろしいのに」と語りかけると、志村さんはこう応えたといいます。

遅刻すると、「すみません」から始まるだろ。それが嫌なんだよ、オレは。

一日が「すみません」から始まりたくないからね。


志村さんの人柄をあらわす、すばらしい話だと感銘しました。


残念ながらしばしば見かける光景ですが、いつも会議に遅れる人がいます。

わたし自身の経験でも、毎週金曜日の三時開始で招集される二〇人規模の定例会議の際、ほとんどの人が開始五分前くらいに集まっているのに、毎回、遅れてくる人が数人いて、開始がいつも三時一〇分ころになってしまうケースがありました。

つまり「正直者がバカを見る」。そうすると、どうせ三時に始まらないなら定刻に集まるのはバカバカしいという雰囲気が蔓延しはじめます。「水は低きに流れる」現象の一種です。悪いのは遅刻者ですけれど、同時に、こんな場合でも自分は「水」にならないよう、気をつけなければいけません。

考えてみれば、会議や研修などの開始時刻に遅れて他の参加者を待たせるのは、他人の貴重な時間を奪うことであり、「時間泥棒」です。

そして、「お金泥棒」でもあります。

一〇分遅刻した会議の参加者が二〇人で、彼らの時給が平均三〇〇〇円だとすると、次のような計算になります。

三〇〇〇円×（一〇分／六〇分）×二〇人＝一〇〇〇〇円

個人にとって一〇分は短い小さなものかもしれませんが、周囲に与える影響は、案外に大きなものであることを意識しなければいけませんね。

なお、見通しが甘いために時間を守れない人、はじめから無理なのに「いつまでにやります」といった時間的な約束をして、結果的にウソつきになってしまう人がいます。

これについては別項でふれましょう（33「早い（early）の効用」）。

「どうせ」の怖さ

夜、六時五十七分。東京・中目黒のしゃれた居酒屋。
親しい同期六人で予約したテーブルに五人が集まっています。

橋本「もうすぐ七時だし始めるか」
高井「約束は七時なんだから、あと三分待ってみようよ」
森枝「どうせ渡辺は時間通りになんか来やしないさ」
三宅「たしかに。いっつも忙しい忙しいって遅れてくるもんな」
中村「このあいだは一時間も過ぎてから、『行けなくなった』って電話してきたよ」
橋本「さぁ七時になった。飲もう！」

このように、「どうせ」などというレッテルが一度貼られてしまうと、簡単にははがせません。

資生堂の「美しい50歳がふえると、日本は変わると思う。」（一九九七年）などの代表作があるコピーライターの岩崎俊一さん（一九四七〜二〇一四）に次の作品があります（セゾン生命保険、一九九三年）。

仕事の約束は誰でも守る。
遊びの約束をすぐ破ってしまう人が
私はさびしい。

とても大切なことを教えてくれていると思いませんか。

9　手を抜かない、横着しない

新入社員時代はもちろん、会社という組織で働いていると、まわりの人から日々、いろいろなことを頼まれます。

たとえば、書類のコピー。

2穴や30穴のリングファイルに綴じられたA4判の書類をコピーする際に、どうしますか。リングから書類を外して複写機の原稿台に置きますよね。

しかし、書類が目一杯に綴じられている「メタボ」なリングファイルはやっかいです。開けてしまうと、閉じるのに難儀するからです。

こういうときに性格があらわれます。

リングに綴じたまま原稿台に書類を置いてコピーする人がいます。当然、リングの影もプリントされます。

いろいろ事情があるにせよ、コピーをするならきれいにコピーしましょう。横着をしてはいけませんし、手を抜くのもダメです。

そういう仕事ぶりから、あなたの性格や人柄が推しはかられてしまいます。

学生時代、「真面目だな、おまえは」と言われるのは、たいていの場合は褒め言葉ではなく、「つまらない奴だな、おまえは」というのと同義です。そのため、「真面目であることはイコールかっこ悪いこと」というイメージがあるかもしれません。

しかし、社会人になったら、真面目がいちばんです。真面目はかっこ悪くありませんし、不真面目なほうがかっこ悪い。そして、真面目でいることが、いちばんストレスが無く、楽です。自然体でいられます。

「手を抜かない」とは「最善を尽くすこと」につながります。

山梨県の高原リゾート・清里に、「清泉寮」があります。ここは現在、おしゃれなホテルや直営牧場の牛乳からつくるソフトクリームなどで有名ですが、単なる宿泊施設ではなく、キリスト教精神にもとづき、さまざまな体験を青少年に提供することなどを目的に、一九三八年にキャンプ場からスタートした拠点です。

この清泉寮を創設したのは、アメリカ人のポール・ラッシュ。

一八九七年生まれの彼は、関東大震災で崩壊した東京と横浜のＹＭＣＡ（キリスト教青年会）会館を再建するため一九二五年に二八歳で来日。翌年に任務を終えましたが、乞われて立教大学の教授となります。

一九三四年には学生のアメリカン・フットボールを組織化し、後に「日本のアメフトの父」と称されます。

日米開戦により本国へ送還されましたが、終戦後に再来日。孤児の養護施設「エリザベス・サンダース・ホーム」の設立支援や清里での農業近代化など、社会事業に尽力しました。

彼は一九七九年、戦前から縁の深かった聖路加国際病院で八二歳の生涯を閉じました。

彼が終生大切にしたのが、同病院の創設者ルドルフ・トイスラーから授かった次の言葉です。

DO YOUR BEST AND IT MUST BE FIRST CLASS

最善を尽くし一流たるべし

「最善を尽くす」とはよく聞きますが、往々にして精神論に終わりがち。「一流」が付くことで、自分が担う仕事の結果への責任感が問われる行動規範になります。

こんな心構えで仕事に臨みたいですね。「手を抜かない」「横着しない」といったことは「基本のキ」ですけれど、それができなくては「最善を尽くし一流たるべし」などそもそも無理。基本からスタートして、レベルを引き上げたいものです。

10　自社のことを説明できますか？

社外に対してあなたは、自分の会社を代表する気持ちでいなければなりません。そのためには、いろいろなことを覚えておく必要があります。

自社のことについて他社の人から尋ねられたときに、うまく答えられず、「わたしは社長ではありませんから」「わたしは経理部門にいないので」「わたしは営業ではないので」などと言い訳をくり返すのはみっともいい話ではありませんね。そのうちに、相手からは付き合う価値の無い人と思われてしまうかもしれません。

自社の歴史、理念、事業、新製品、業績など、ひと通りのことは説明できるよう、日ごろから頭のなかの情報をアップツーデートしておきたいものです。

でも完璧に覚えているのはむずかしい。自社の会社案内パンフレットを一部、いつもバッグの中に入れておくと、とても重宝しますよ。誰かに説明する機会が急におとずれた際、あわてずにすみます。
また、他社のことも歴史や理念、経営者、業績などについて、積極的に覚えましょう。社名の由来など雑学的なことも頭に入っていると、ふとした場面で話のきっかけにもなります。

さらに、社会のことも多岐にわたり覚えていたいものです。
たとえば、日本経済新聞の「私の履歴書」に、いま誰が登場しているか知らないと、朝のちょっとした雑談の輪に入れないかもしれませんし、あなたが新聞も読んでいない人なのかと思われてしまうかもしれません。

業種・職種によって「常識」の範囲は異なると思いますが、そうした「常識」がないと、相手にされなくなってしまいます。ですから、日常的に会社のこと、社会のことを覚える努力を継続することは、とても大事です。

まみむMEMO

社名の奥深さ

三井住友銀行の略称がなぜＳＭＢＣなのか。理由は同行の英語表記が〝Sumitomo Mitsui Banking Corporation〟だからです。つまり日本語では三井が先、英語では住友が先。合併にあたり、さまざまな配慮があったことがうかがわれますね。

文字表記についても気をつけたい会社がいろいろとあります。たとえば、富士フイルムの「イ」、キヤノン・シヤチハタの「ヤ」、キユーピーの「ユ」など小文字ではありません。また、ブリヂストンの「ヂ」や、ニッカウヰスキーの「ヰ」も要注意。そして、一段と難易度が高いのがクリーニングの白洋舍。「しゃ」は「舎」ではなく、干と口からなる「舍」を用います。

ちなみに、牛丼の吉野家のホームページを見ると、「会社概要」のなかに、「吉の字は、正しくは『土（つち）』に『口（くち）』と書きます」と注釈が付いています。

まみむMEMO

新聞を読もう

新聞通信調査会の「メディアに関する全国世論調査」によると、朝刊を毎日読む人は、初回調査の二〇〇八年には六六・九％いましたが、二〇一九年は四四・七％で、「減少の一途」です。

しかも年代差が大きく、七〇代以上は七八・三％ですが、二〇代は五・七％に過ぎません。

右肩下がり、かつ若者離れの傾向は、投票率や喫煙率、労組組織率などにも似ています。

しかし、このデータに安心して、「新聞なんか読まなくてもいい」と思ったら、大間違いです。二〇代の五・七％の人が、どんな職業、職種の人なのか、よく考えてみましょう。

11　フルネームを言えますか？

ＮＨＫのテレビ番組で紹介していたある研究によると、わたしたち大人は、二〇〇〇人から五〇〇〇人の名前と顔を記憶しているそうです。

芸能人やスポーツ選手、小説家、政治家などの有名人、親戚、学生時代の同級生、勤務先・取引先の人……。しかも、現存する人だけではなく、レオナルド・ダ・ヴィンチや徳川家康、夏目漱石といった歴史上の人物まで含めて考えると、たしかに千人の単位で名前と顔が一致しますね。

さて、いうまでもないことですが、わたしたちの名前は、姓と名で成り立っています。覚える際はフルネームで覚えましょう。

あなたは、いっしょに仕事をしている人たちのフルネームを言えますか。漢字も正確に知っていますか。

もう二〇年以上前のことですが、三〇歳前後の社員を対象とした社内研修の中で、「職場の課題」を受講生にグループ討議してもらい、発表してもらうというセッションがありました。

わたしはこの研修の講師を何回か務めています。このとき、職場の課題として指摘されたことは、どのグループも同じような内容でした。集約すると、「コミュニケーションの増進と情報の共有化が必要だ」というものでした。しかも、その課題をＩＣＴ（情報通信技術）の利活用で解決するというところも同じでした。

自分たちが主体的に努力してコミュニケーションの増進と情報の共有化をはかるというよりは、システムに頼ろうとしている感じが色濃く出ていたのが特徴的です。

そこで、グループ発表の後にこんな質問を受講生にしてみました。

Ｑ１　いっしょに仕事をしている一〇人のフルネームを書いてください。

Q２　社長のフルネームを書いてください。
Q３　勤務先の住所・郵便番号・電話番号を書いてください。

あなたも答えてみてください。書けますか？

当時、累計で一〇〇人くらいの人に答えてもらいましたが、ちゃんと答えられた人の割合は、いずれの質問も五割程度でした。

Q１でいえば、あなたが仕事仲間のことを名字しか知らないのであれば、相手もあなたのファーストネームを知らないかもしれません。そんな関係って寂しくないですか？

Q２でいえば、自分が勤めている会社の社長の名前を正しく書けないというのは、自分の親の名前を書けないのと同じくらい、非常識です。

Ｑ３でいえば、自分の自宅の住所を覚えていない人はいませんよね。それと同じことです。他社の人から電話で会社の住所を聞かれた際に、「ちょっと待ってください」と言って、あわてて自分の名刺を取り出して住所を確かめている人がいました。ビジネスパーソンとして、これはとてもみっともない。

覚えなければいけないことは、努力してきちんと覚えましょう。

なお、ビジネスでは、相手によっては、顔と名前と会社名をセットで覚えるだけではなく、付随して部署名や役職、年齢あるいは生年月日、出身地、現住所、家族構成、趣味、嗜好なども覚える必要が生じたりします。

名刺の余白にでも、面会のなかで知った相手の情報や印象などをメモしておくと、あとで役立つことがありますよ。

12　言葉は大切に

何かのイベントが終わると、よく「反省会」というものが行なわれます。体育会系のサークルであれば試合後に、会社であれば入社式のような行事や新製品発表展示会の後などに。

わたしはこの言葉があまり好きではありません。

「反省会」を開くと、参加者は会合の名前のとおり、口々に反省の弁を語りだします。「ああすればよかった、こうすべきだった」などなど。反省したふりをする人もいるし、さらには、いまさら言ってもはじまらない後悔を口にする人があらわれたりします。

その結果、反省会はときにお通夜のような重苦しい雰囲気に陥ります。これがわたしは嫌なのです。

本来、「反省会」の趣旨は何なのでしょうか?

実際に失敗があったのであれば、たしかに必要です。その原因を探り、再発防止につなげることは意味があります。

しかし、そうでないなら、うまくできたことを互いに称え、成功した要因を共有して次に活かすといった、明るく前向きなことのほうが大切でしょう。

このとき「反省会」ではなく、より趣旨にふさわしい名称があるはずです。

つまり、何かを行なう場合には、その趣旨にふさわしい的確な言葉を選択してネーミングしないと、効果や結論が大きく違ってしまうことがあるのです。

さて、言葉の大切さといえば、ちょっとした言葉づかいが、相手に与える印象をずいぶんと変えてしまうことがあります。

訪問先の企業で応接室に通されたとき、たとえば「お飲み物はコーヒーと紅茶のどちらがよろしいですか?」と尋ねられたら、あなたはどう答えますか?

もしかして、「コーヒーでいいです」と返事したりしていませんか?

「コーヒーでいいです」という言い方は、いかにも生返事で、相手の気づかいに対して失礼になりかねません。ここは「コーヒーがいいです」と答えるべきです。

小さなことと思われるかもしれませんが、助詞を「で」から「が」に変えるだけでニュアンスが変わりますよ。

できれば、しっかり相手を見つめて気づかいに感謝しつつ、「コーヒーをお願いします」と答えたいものです。

言葉づかいには、しばしば仕事に対する姿勢が反映されます。その例をいくつか。

やたらと丁寧な言葉づかいでメールを書く人がいます。丁寧であることはとてもいいことなのですが、馬鹿丁寧にまでなってしまうと、ちょっと問題です。ときに、書こうとしていることに自信が無いことに関係していたりするからです。

とくに「させていただきます」を使いたくなったら、要注意です。「させていただく」は「自分の行為や動作について『相手の許しのもとに行う』といった意味合いを持たせる、へりくだった言い方」です（実用日本語表現辞典）。しかし今日では、丁寧にしておけば無難との心理から、あるいは苦情を避けるための「予防薬」として多用されていることが、とても多い。

メールの送信相手に親近感を抱いてもらいたいのなら、「させていただく」はむしろ逆効果でしょう。「少し失礼かな」と思うくらいの表現が相手との心理的距離を縮めるにはちょうどいいものです。

また、自分に非が無いのに、「すみません」をしばしば口にする人がいます。

悪いことや失礼なことをしたわけではないのに、会話のはしばしに「すみません」を頻発すると、卑屈な印象を与えかねず、言われたほうも逆に困ってしまいます。

「すみません」が口癖になっている人は、別の言葉を使うように心がけるといいですよ。たとえば「ありがとうございます」。おおむね、この言葉があてはまるケースでしょうから。声をかけるときも、「すみません」ではなく、「こんにちは」でオッケーです。

このように、ちょっとしたことの違いで印象は変わりますから、言葉は大切に使いましょう。

この項の最後に少し重い話を。

会社では口にしてはいけない「禁句」が二つあります。


一つ目は「できません」。

もし技術者が、これを言ってしまったらおしまいです。不可能に挑戦するのが技術者の神髄なのですから。

事務系の社員でも同じことです。それなのに、会議などの場で懸案事項について真剣に考えてきたとは思えない人が、あっさりと「できません」と上司に向かって答えているのを聞いたりすると、びっくりします。

ある自動車メーカーで社長・会長を務められたTさん。温和な方にお見受けしますが、部下が「できません」と報告して来た際に、「わかった。他の人に頼む」とおっしゃったとか。城山三郎さんの作品に『もう、きみには頼まない』というタイトルの小説がありますが、「わかった。他の人に頼む」もそれに匹敵する怖い言葉ですね。

禁句の二つ目は「やりたくありません」。

コンプライアンスに反するようなことを命じられたような場合は別ですが、仕事を選り好みして「やりたくありません」と言うのであれば、ふつうは退職する覚悟をしてからでなければ、口にしてはいけないセリフです。

marina

第3日

仕事はコミュニケーションが機能して、
はじめて成り立ちます。
人が人として生きるためには
コミュニケーションが不可欠で、日常生活でも
重要であることはいうまでもありませんが、
会社という場ではいよいよ重要です。
ここではいくつかの場面をあげて、
具体例をもとに綴ります。

13　とにかく「報告」

「報連相」（報告・連絡・相談）という言葉があります。入社以来、折りに触れて研修などで何度も聞いたことでしょうし、新入社員向けの本などでも読んだことがあるでしょう。

なぜ、これほどまでにうるさく言われるかといえば、その大切さを理解していても、なかなか実践されない実態があるからだと思います。

まず「報告」について。

小さいころ、母親から「お友だちの家に遊びに行って、何かごちそうになったら、必ずお母さんに教えてね」と言われたりしませんでしたか？

誰々ちゃんの家でケーキをごちそうになったことを母親に伝えてあれば、母親はその家のママにスーパーマーケットで会ったときにお礼を言うことができます。聞いていなければ、「失礼な母親」になってしまうかもしれません。

こんなところにも、報告の大切さがあらわれています。


さて、では会社で注意すべきことは何か。

重要なポイントは、ちゃんと報告しているかどうかを判断・評価するのは、報告する側のあなたではなく、報告される側の人、すなわち先輩や上司だということです。つまり、ちゃんと報告しているとあなたが思っていても、上司がそう感じていなければダメなのです。

しかも、十分かどうかは上司の性格により異なります。A課長は週に一度の報告で十分だったのに、B課長は毎日報告しないと満足しないといったことがありえます。

「あれ、どうなった?」と上司に聞かれている人を見たことはありませんか。

上司からすると、部下に頼んだことがどうなったのか、気になっています。しかし、部下から報告がある前に、せっかちに尋ねるのは気が引けるので、それなりにがまんをしています。したがって、「あれ、どうなった?」と言うときは、もう待ちきれなかったときです。

このとき、「あれって、何でしたっけ」なんて答えているようでは、上司から信頼を得ることはいつになってもむずかしいでしょう。

何かを頼まれ、それを実行したときには、小さなことでも一言、報告する習慣をつけると、ことがスムーズに運びます。

たとえば、「この郵便をポストに入れてきてくれないか」と頼まれたら、どうしますか?小さなことをいちいち報告するとうるさがられるなどと遠慮せずに、「課長、五分前に角のポストに入れてきました」と報告する。その一言で課長は安心します。

そして、「次の収集時刻は一五時四五分とポストに書いてありました」くらいの気が利いた報告をすれば満点ですね。

さて、完了するまでに時間がかかることについては、結果報告以前に、進捗報告や経過報告が必要です。

また、失敗した、紛失したなどの悪い情報ほど、早く報告するのが鉄則です。誰だって怒られるのは嫌ですから、報告しないどころか、つい嘘をついたり隠したりしたくなったりしますが、それは最悪です。新聞に載っている企業不祥事の多くは、小さな嘘をついたことや隠蔽しようとしたことから始まっています。

悪い情報も早期に報告しておけば、上司はあなたを庇ったり守ったりできます。しかし、あなたが上司に報告を怠っている間に、別ルートから情報が入って露見した場合、上司はそのことを問われても「俺は知らない」「私は聞いてない」と言わざるを得なくなります。

報告に上下関係はありません。

あなたが何かを上司に頼んだとします。たとえば、「この件についてはC課長の了解を得ていただけますでしょうか」とお願いしたのなら、その結果がOKだったのかダメだったのかを報告してもらわなければ、あなたは仕事を先に進められませんよね。

あなたが頼んだことの結果をちゃんと報告してくれる上司は、いい上司です。

このように、組織で仕事をするからには、的確なルートで情報を流通させることが不可欠であることを理解して、実践することが重要です。

そうすることにより、状況や情勢の把握が可能となり、とても仕事がやりやすくなります。

まみむMEMO

上司を助ける

社会人になってからしばらくの間は、上司や先輩をはじめまわりの人たちから作業の手順や社内のルールなどを教えてもらいながら仕事を進めます。これは当然のことですから、遠慮なく助けてもらいましょう。そして、仕事を早く覚えましょう。

ところで、あなたには二つの役割があります。一つは、担当業務を遂行すること。もう一つは、上司や先輩を補佐することです。

つまり、助けてもらうばかりではなく、気の利いた資料を作成することなどを通じて上司や先輩の助けとなることも、あなたの重要な役割です。

14　伝言メモは「連絡」の基本

次に「連絡」。

ごく身近な例として、電話の伝言メモのことから。

わたしがたまたま不在のとき、電話があったとします。そして、その電話を受けた人が「○○さんから電話がありました。折り返し電話してください」と用件をメモして、わたしの机上に置いたとします。そのとき、メモが不備だとどんなことが起きるか。

この種のメモは、簡単そうに思えますが、書いた人の気配りや才覚により、大きな差が出ます。

まず困るのは、メモを書いてくれた人の名前が無いとき。そのメモに関して何か質問したいことがあっても、誰に確認したらよいのかわかりませんから、「このメモ、置いてくれたのは誰？」などとまわりに尋ねなければならなくなります。

同じように困るのが、日付と時刻が書かれていないメモ。たとえば、出張や休暇で二日間不在にして、三日目に出社したところ、次の二枚のメモが机の上に残されていたとします。

「斉藤さんから電話がありました。試作品はお届けします。」
「斉藤さんから電話がありました。試作品は明日持参します。」

メモに日付と時刻が書かれていなくては、どちらの情報が新しいのか古いのかが分かりません。「明日」とはいつのことなのか？

この他、混乱や間違いのもとになるのが、耳で聞いた音を、勝手にというか無意識に漢字に変換してメモすることです。

たとえば、「オショクジケン」と聞いて、これを漢字で書いてみてください。答えはのちほど明かします。

さて、机の上に次のメモが置いてありました。

「三宅さんが、至急お会いしたいとのことです」

三宅さんという知り合いはいないな、誰だろう、と思案していたら、実際は「宮家」さんだった、というような経験はありませんか。

相手に「どういう漢字でしょうか」と確認した場合は別ですが、思い込みや先入観で名前や地名などを漢字表記するのは危険です。

「ミヤケさんが、至急お会いしたいとのことです」と書くのが適切です。

ところで、先ほどの「オショクジケン」は、どんなふうに書きましたか。

昼前でお腹が空いている時に聞いたら「御食事券」と書くかもしれませんし、ニュースを見た後なら「汚職事件」かもしれませんね。わからない場合は、カタカナで書きましょう。

電話つながりで横道に逸れます。

たとえば、わたしが外出先から社内の山田さんにダイヤルインで電話をかけたときに、山田さん以外が電話を取ることがあります。そのとき、電話を取った人がわたしのことを知っているのなら、「佐藤です。お疲れ様です。山田さんに代わりますね」のように、名乗ってくれると助かります。

こちらも、相手の声を聞いて佐藤さんだろうなと思っても、自信が持てないときがあります。「あっ、佐藤さん？」と勝負に出たら、「違います。鈴木です」と言われるのは、ばつが悪いものです。「どなたでしたっけ？」とこちらが尋ねるまえに、名乗りましょう。

話を少し広げます。

一文一義という言葉があるのをご存じですか？　一つの文章には一つの意味しか持たせないという意味です。これは、連絡メモにかぎらず、誤解を与えない文章を書くコツです。

こうしたことに関して、的確なアドバイスを与えてくれる本が、高橋昭男さんの『仕事文の書き方』（岩波新書、一九九七年）です。出版元の岩波書店のサイトには、次のような紹介文が載っています。

レポートや企画書がうまく書けない ── そんな悩みをかかえる人は多い。学校教育では主に「文学的文章」を学ぶが、社会やビジネスで実際に使うのは事実と意見のみを伝える文章＝仕事文である。どうすれば、正確でわかりやすく、説得力のある文章を書けるか。一文一義主義、短く書く、事実と意見の提示順、リライトなどの方法を具体的に示す。

この本に「一文一義の文を書く」という項目があり、次のようなことが書かれています。意味を正しく伝える文章を書くことが、案外と容易でないことに気づきます。

③日曜日に父とゴミを裏庭で燃やした。

この「と」を、andと訳してしまったら、たいへんな文になってしまう。リライトしてみる。

日曜日に父といっしょに、ゴミを裏庭で燃やした。

これでも誤解を受ける。

日曜日に父に手伝ってもらい、ゴミを裏庭で燃やした。

やっと安心できる文になった。

書き手と読み手の視点のずれが主たる原因である。書き手が、読み手の予備知識の有無を考えずに、文章を書くと、こんな結果が生まれやすい。仕事文は「書き手のためにではなく、読み手のためにあるのだ」ということを意識すること。そして、あなたの書いた文章を、相手が、どの視点からみても、一義にとってもらえる文章を書くことが大切である。

まみむMEMO

急がず焦らず慌てずに

ドキュメントを作成して印刷したとき、出力したプリントアウトを点検せず、そのまま上司に渡す人がいます。そして、すぐさま上司に、誤字脱字や計算間違いなどを指摘されたりします。

プリントしたら自分の席に一度戻り、内容をチェックしてから渡しましょう。急いでいるときほど、落ち着いて行動するのがポイント。

同様にメールも、文章を打ち終わってすぐに送信ボタンを押すのではなく、一度読み直して、誤りがないか、わかりにくい表現がないか、確認しましょう。

こうしたことも信頼や信用に影響します。

15　聞く／聴く／訊く

「聞く」「話す」「読む」「書く」

いずれも、コミュニケーションをはかるうえでの日常的な動作です。しかし、いずれも人によって巧拙の差が大きく、上手になるためには技術を必要とします。

「聞く」の意味は幅広く、宛てられる漢字も「聞く／聴く／訊く」があります。

聞くという行為は受動的ですから、「話す」「読む」「書く」と比較して、簡単そうに思うかもしれませんが、そうでしょうか。

「手を打てば　鯉は餌と聞き　鳥は逃げ　女中は茶と聞く　猿沢の池」

これは、奈良興福寺の貫首《かんす》であった多川俊映さんが紹介していた、詠み人知らずの俗謡です。「猿沢の池」とは、興福寺のすぐ南側にある池です。

掌を叩いた「パン、パン」という音に対して、池の鯉は餌をもらえる合図だと思い、寄ってくる。鳥は鉄砲の音と勘違いして、危険を感じて逃げる。女中さんはご主人がお茶を欲しがっていると理解し、支度する。

これは言葉ではなく、単なる音です。それなのに、同じ音を聞いても、受け取り方はそれぞれに異なってしまう。この俗謡、そんな状況を見事に言いあらわしていました。

これが音でなく言葉となると、いよいよ、とんでもない受け取り方が生じたりするのです。

「どうすると、あの話がそんなふうに受け取られてしまうの？」と、唖然とした経験があるでしょう。予断をもって人の話を聞いていると、自分の都合のいいことしか耳に入らない、あるいは聞いたことを都合のいいように解釈するということが起こります。

人材育成研修などで、「傾聴」や「傾聴力」という言葉を聞いたことがありませんか。

Ｗｅｂｌｉｏ人事労務用語辞典は、「傾聴」を次のように解説しています。

「傾聴」とは、カウンセリングやコーチングにおけるコミュニケーションスキルの一つです。人の話をただ聞くのではなく、注意を払って、より深く、丁寧に耳を傾けること。自分の訊きたいことを訊くのではなく、相手が話したいこと、伝えたいことを、受容的・共感的な態度で真摯に〝聴く〟行為や技法を指します。それによって相手への理解を深めると同時に、相手も自分自身に対する理解を深め、納得のいく判断や結論に到達できるようサポートするのが傾聴のねらいです。

阿川佐和子さんの著書に、『聞く力』（文春新書）があります。副題は「心をひらく35のヒント」。二〇一二年に出版され、ベストセラーかつロングセラーになりました。ここで語られている内容は、まさに「傾聴力」そのものです。

彼女は、週刊文春の連載「この人に会いたい」などで、聞き上手ぶりをいかんなく発揮しています。「聞く力」とは「聴く力」であり、だからこそ「訊く力」につながっているんですね。

メモを取る

人の話を聞く時は、メモが取れる態勢で聞きましょう。

状況によるので一概には言えませんが、話し手からすると、聞き手がメモを取りながら自分の話を聞いてくれるのは、うれしいものです。

また、上司の立場からは、仕事の指示をしているのにメモを取らない部下を見ると、とても不安になります。

正しく伝わるだろうか、忘れてしまうのではないかと。

レストランや居酒屋で注文した時に、店員さんがメモも取らなければ、復唱もしないと、「大丈夫かな」と感じる心理と同じです。

16　情報収集――アクティブとパッシブ

ソナーを知っていますか。

「水中を伝播する音波を用いて、水上船舶や潜水艦、水中や海底の物体を捜索、探知、測距する装置」（ウィキペディア）です。

ソナーには大きく分けて二つの方式があります。

一つは、こちらから音波を発し、物体から跳ね返ったものを察知するアクティブ方式。

もう一つは、物体が発する音波を察知するパッシブ方式。

この発想は、情報収集に示唆を与えてくれます。

アクティブ方式とは、こちらから話しかけること。

漢字を宛てれば「訊く」。

たとえば、社内のエレベーターでめずらしく乗り合わせた他部門の人に、「お忙しいですか?」と話しかけると、「来月発売する新製品の準備でたいへんだよ」などと、興味深い情報を提供してくれたりします。

しかも、わずか数秒間の会話で。

「口は災いの元」といいますが、黙っていては始まらないこともたしかです。こちらから話しかけることにより、情報の世界は広がっていきます。

「他部門の人を訪ね、用事が五分で済んだら、そのまま戻ってくるのではなく、一〇分無駄話をするといいよ」。

これは、わたしが新入社員のころに、元人事担当役員だった大先輩から聞いた言葉です。ぜひ、実践してみてください。

一方、パッシブ方式とは、聞き耳を立てること。

つまり「聞く/聴く」。

自分の席で仕事をしているときに、自分の世界に没頭、あるいは埋没していては、貴重な情報を聞き逃します。

上司も、わざとみんなに聞こえるように話すことがあります。それは、その話をみんなに知っておいてもらいたいからです。

実際に、ある自動車メーカーの秘書室長は、「オフィスでなるべく大きな声で話すようにしているし、室員には聞き耳を立てていてほしい」と言っていました。なぜならば、それが情報共有のもっともシンプルな方法だからだと。

こんな例をあげていました。ある県の有力ディーラーの会長が亡くなったとの電話がかかってきたときに、その秘書室長は会話中に大きな声で復唱したそうです。そうすると、まわりの室員は事態を把握できますから、各自がすぐに必要なアクションに移ることができた。

「盗み聞き」と「聞き耳を立てる」は、似て非なることです。

堂々と聞き耳を立てましょう。

頼むときは自分が出向いて

オフィスで自分の職場とは別の階に用事があって出かけたときなどに、ときどき次のようなことを経験します。

「渡辺さん、ちょうど良かった。頼みたいことがあるのです。来月のイベントのことなのですが、渡辺さんには……」と一方的に話しかけてくる。こちらの都合も気にせずに。なんか失礼な感じがしませんか。

人にものを頼むときは、横着をしないで相手のところへ自分が出向いて話をしましょう。ですから、次のように言い直すべきです。

「渡辺さん、ちょうど良かった。頼みたいことがあるのですが、今から渡辺さんのお席にうかがってもかまいませんか？　内容は来月のイベントのことです。」

こうすれば相談もスムーズに運び、その後も気持ちいい関係が育っていきます。

17　話すスキルを高めよう

仕事では、会話という双方向コミュニケーションによる共通理解があってこそ、効率的に良い成果が得られます。そしてこれは、上下関係や強弱関係にある、上司や顧客との関係にも当てはまります。

「口は災いの元」という警句がありますし、実際にそういう側面は強くあると思います。余計なことは言わないに越したことはありません。「口が減らない」「減らず口を叩く」という非難の言葉もあります。

また、最近はあまり聞かれなくなりましたが、以前は「男のくせに、女みたいにぺちゃくちゃと……」というような言い回しがありましたし、「男は黙ってサッポロビール」というコピーが一九七〇年に大ヒットしたように、男性に対して無口、あるいは口数が少ないことを奨励する価値観がありました。

しかし、口に出して言わなければ自分の考えは相手に伝わりません。口に出して言ってくれなくては、相手が何を考えているかは理解できないのが普通です。「以心伝心」は美しい言葉ですが、下手をすると「忖度」につながりかねない危険があります。

上品な表現ではありませんが、「しゃべるのはタダ」です。たくさん話をして、話し方のスキルを高めることをすすめます。

なお、ここにはひとつの前提があります。口に出すことで相手に意思を伝えるわけですから、相手に聞こえていないと意味をなしません。その好例が日常の挨拶です。

朝、出社して上司と出会ったとします。そのとき、自分では「おはようございます」と口に出したけれど、その声が小さくて相手に聞こえなかった。そうすると相手は、あなたが挨拶してくれなかったと認識します。

このあたりの機微がわからずに、損をしている人がけっこういますね。挨拶する目的は人間関係を円滑にすること。したがって、にこにこした表情で、相手の目を見て、はっきりと聞こえる音量で言うのが、挨拶の基本です。

あなたは毎朝、どんな雰囲気で職場に入っていきますか。あなたを見て、上司や同僚はどんな印象を受けていると思いますか。

さわやか、元気、明るい。それとも、どんより、お疲れ、暗い？

さて、話すのは苦手という人はたくさんいます。とくに、大勢の人を前にスピーチしたり、プレゼンテーションしたりするのは嫌だという人の割合は少なくありません。

しかし、仕事をしていくうえで、そうした機会から逃げ続けることは、みずから選択肢を狭め、チャンスを捨てることですから、もったいないですよね。

他人の話を聞いていると、「上手・下手」や「わかりやすい・わかりにくい」がわかります。そして案外、その理由もわかることが多い。一方、自分の話や話し方がどうなのかは、なかなか自分ではわからないものです。

親切な人がいろいろと指摘してくれればありがたいのですが、なかなかそうはいきません。褒めてくれる人はいても、嫌われる危険をおかしてまで注意してくれるような人は「有り難い」のが現実です。

ですから、次善の策として、自分の話を自分で聞いてみることをすすめます。具体的には、スマホのボイスレコーダーやビデオカメラ機能で、自分の声と姿を録音録画してみるとか。

そうすると、自分の話の構成や内容の良し悪しに気づくとともに、自分のクセを見つけるきっかけにもなります。

たとえば、話しはじめる際に、必ず「えー」が付く人がいます。あるいはいつも、語尾が「ね」で終わる人がいます。三〇代になってもまだ、女子高生のような尻上がりのイントネーションでしゃべる人もいます。

テレビやラジオを見聞きしていると、参考になることがたくさんあります。

池上彰さんや林修さんが各局の番組で引っ張りダコなのには、博学であることにくわえて、醸し出す雰囲気を含めて話し方が上手だということがあると思います。

テレビ朝日の「しくじり先生　俺みたいになるな!!」で、先生役を務めていたオリエンタルラジオの中田敦彦さんも話し方がすばらしく、いつも感心しながら見ていました。同じくテレビ朝日の「激レアさんをつれてきた。」で、研究助手を務める弘中綾香アナウンサーもとても上手ですね。

ちなみに、「話すことが無い」という人がいます。たしかにそういうときもあるでしょう。しかし、会議に参加したときなど、いつもただ黙って聞いているだけではつまらなくありませんか？　率直な感想が期待されているのですから、思うことを話すチャンスです。そしてそれが会議の成果に貢献することになるのですから。

もしかして、「話すことが無い」のは、それ以前の問題として「考えていない」ことがあるかもしれず、そうなると問題です。つまり準備がない。このあたりは次章以下でふれましょう。

復唱の効用

会話ということで思い出すのは、一〇年ほど前に、京都の町角の小さな公園で見かけた光景です。

学校帰りの男子高校生二人がキャッチボールをしていました。

何気なく見ていたら、二人の会話がおもしろい。

ピッチャー「(投げ終わった後に) あかんな」

キャッチャー「うん、あかんな。もうちょっと低目や」

ピッチャー「そうか、もうちょっと低目か。わかった」

これが東京だと、次のような会話になるのではないでしょうか。

ピッチャー　「ダメだな」
キャッチャー　「もっと低目だよ」
ピッチャー　「わかった」

京都では、言葉を聞いた人は、相手の言葉を受けとめて、それを口にしてから自分の言葉を発しています。

一方、東京では、相手の言葉を口にすることなく、自分の言葉を発しそうです。

東京流は、「重複のムダ」がありません。しかし、ぎすぎすしがちな時代にあって、京都流の、相手の言葉を受けとめて復唱するという会話方法は、なんとも心温まる感じがしました。

京都や関西ではふつうのことなのかもしれませんが、職場や会議で真似してみようと思ったことを思い出します。

挨拶もところ変われば

小林隆・澤村美幸『ものの言いかた西東』（岩波新書、二〇一四年）を読むと、ビックリする事実がいくつも紹介されています。わたしがいちばん驚いたのは、東北地方は他の地域に比べて、あまり挨拶をしないということでした。

同書の第一章は「口に出すか出さないか」というタイトルで、そのなかに「挨拶をするかしないか」という項目があります。そこに「家庭内での挨拶（篠崎晃一、一九九六）」という表が掲載されており、場面別・地域別に挨拶する人の割合が表示されています。

場面は、朝起きたとき、夜寝るとき、食事のはじめ、食事の終わり、外出するとき、帰宅したとき、家族が外出するとき、家族が帰宅したときの八つ。

地域は、青森、東京、三重、広島、高知、鹿児島の六ヵ所。

そして、青森が、八つの場面のうちの六つで、挨拶する人の割合がもっとも低いという結果になっています。たとえば、「朝起きたとき」では、もっとも高い三重は九三・一%が挨拶をするのに対して、青森は六一・八%で、三一・三ポイントも差があります。「おはよう」にこんなにも差があるのですね。

他の場面は次のとおりです。
夜寝るとき　三重九七・二%　青森六一・八%
食事のはじめ　東京九六・一%　青森六六・七%（高知六六・一%）
食事の終わり　東京九二・一%　青森六一・六%
外出するとき　東京九六・二%　青森八二・七%
帰宅したとき　東京九八・一%　青森八〇・〇%
家族が外出するとき　三重九四・四%　青森八五・一%（高知八一・四%）
家族が帰宅したとき　東京九六・二%　青森八六・五%

まみむMEMO

全般的に、三重と東京はよく挨拶をして、青森と高知はあまり挨拶をせず、鹿児島と広島は両者の中間ということです。

それぞれの出身の方は、この結果についてどう思われますか？

本調査は「家庭内での挨拶」を対象にしています。同じ人が学校や職場では態度・行動を変えるのか否か、そのあたりはどうなのでしょうか。

ちなみに、青森で活躍するマルチ・タレントの伊奈かっぺいさんは、青森は寒いからあまり口を開かず、短く言う習慣になったと冗談めかしていました。だから、「どさ？」「ゆさ！」などという会話が成り立つのだとか（「どちらへ？」「銭湯に」）。

そうか、寒いから挨拶も減るのかなんて、想像をたくましくするのも楽しいですね。

18　あなたはかわいい人ですか？

ビジネスの世界での情報のやり取りにメールは欠かせません。

上司や先輩や同僚から、あるいは外部の取引先から、毎日たくさん届くと思いますし、あなたも発信していることでしょう。

送ったメールに反応があると、うれしいですよね。それが、感謝や賛意や了承といったポジティブなものばかりではなく、批判や反対や否定であっても、反応が無いよりははるかにいいです。


あなたは、届いたメールに、きちんと反応していますか。読んで終わりでは、情報提供者に失礼です。ギブ&テイクがないと、そのうちにあなたのところには情報が集まらなくなります。逆に、きちんと反応していると、しかも内容がしっかりしていると、相手はあなたのことを好印象とともに覚えます。

転勤や異動に際して、メールではなく書状や挨拶ハガキが届くこともあります。また年末に喪中ハガキが届くこともあるでしょう。

いまの時代、ほとんどの人はこうした情報に反応しません。つまり返事をしないままになります。無礼とまではいえませんが、やはり返事をするのが本当でしょう。

それだけではありません。じつは行なう人が少ないからこそ、行なう価値があるのです。たとえば喪中ハガキに対しては、年賀状を控えるかわりに、一月に寒中見舞いのハガキを出す。それだけであなたの印象はだいぶ変わってきます。

ところで、あなたはかわいい人ですか？　もちろん顔のことを言っているのではなく、人に好かれるとか、かわいがられるという意味です。

世の中、情報は不公平に流通します。公平でも平等でもありません。情報を持っている人は、その情報を誰に流せば、あるいは流さなければ、もっとも効果的かを考えます。

この場合「効果的」とは、喜ばせる、安心させるといったポジティブな面ばかりではなく、怒らせる、困らせる、不安にさせるといったネガティブな面もあります。

あなたは、飛び切りの情報を手に入れたら、どうしますか。誰かに話したくなりますよね。どんな人に伝えますか。「えっ、本当？」「すごいね！」などと驚いてくれる人、喜んでくれる人にではないですか。これが、かわいい人です。

せっかく話をしても、「それがどうしたっていうの」「たいしたことないじゃない」のような反応をされたら、「この人になんか言わなければよかった」「もう二度と教えてあげない」になってしまいます。

情報は、かわいい人のところに集まってきます。

あなたは、かわいい人ですか？

19 ファイリングもコミュニケーション

goo国語辞書で「コミュニケーション」を引くと、次の説明がなされています。

1 社会生活を営む人間が互いに意思や感情、思考を伝達し合うこと。言語・文字・身振りなどを媒介として行われる。「――をもつ」「――の欠如」

2 動物どうしの間で行われる、身振りや音声などによる情報伝達。

〔補説〕「コミュニケーション」は、情報の伝達、連絡、通信の意だけではなく、意思の疎通、心の通い合いという意でも使われる。「親子の――を取る」は親が子に一方的に話すのではなく、親子が互いに理解し合うことであろうし、「夫婦の――がない」という場合は、会話が成り立たない、気持ちが通わない関係をいうのであろう。

説明の1に「言語・文字・身振りなどを媒介」とあります。コミュニケーションというと、たしかにまずは会話で、「雑談」や「無駄話」や「おしゃべり」をひっくるめて、誰かと話をすることがコミュニケーションの基本であることはすぐおわかりでしょう。そして、メールなど文字によるコミュニケーションや、「身振り」などが続くわけで、このあたりはすでにお話しししました。

一方、意外に認識されていないことがあります。「補説」に「意思の疎通、心の通い合い」とありますが、仕事の場面でそれをあらわすのが仕事の丁寧さ、心遣いであり、それもまたコミュニケーションだということです。

細かい話になりますが、そうした例をいくつか。

書類を物理的にバインダーに綴じるファイリングのこと。この話題はすでに一度ふれていますが（9「手を抜かない、横着しない」）、これをコミュニケーションの角度からみてみます。

新人として配属されたり、異動して仕事が変わったりした際に、前任者から引き継ぎが行なわれますね。また、同僚が留守の時に、他部門からの問い合わせに代わりに答えるといったことがあります。そうした機会に他人のバインダーを見ると、ファイリングの巧拙がはっきりとわかります。

単に書類に穴を空けて綴じただけで、ファイルした本人でなければ（あるいはファイルした本人でさえも）、どこに何の書類があるかわからないバインダーがあったりするし、その一方で、よく考えられた分類に従ってインデックスが付されていて、ファイルした人以外でもすぐ理解できるバインダーもあります。

これはそのまま情報伝達の巧拙であり、コミュニケーション力を反映しています。

同様に、パソコンやサーバーのフォルダーの分類や、ドキュメントを保存する際のネーミング、メールのタイトル（件名）にも、センスの良し悪しがあらわれます。

また、見た目が美しい文書は、よく整理されていて、内容がわかりやすいものです。

たとえば、Ａ４判に書かれたＷｏｒｄ文書。標準設定のまま、始めから終わりまで、明朝体10・５ポイントだけで書かれたものを見かけることがありますが、見出しと本文でフォントを使い分けてみませんか。そして、文書の内容にふさわしいフォントの種類とサイズを工夫する。また、レイアウトも一行はみ出すときは上下の余白設定を調整するなどして、一頁に収めればきれいです。

読みやすくするための工夫は、そのまま中身のブラッシュアップにつながります。

また、自分の好みを無意識に相手（＝読み手）に押し付けないようにしましょう。たとえば、ラインマーカーなど、自分の資料に線を引く分には、何色でも自分の好きな色を使えばいいことです。しかし、誰かのためにラインマーカーを使うのであれば、その人（＝顧客）のことを一瞬でも考えたうえで、色を決めましょう。

小さなことのように見えますが、コミュニケーションの質を良くするには、このようなところにも、自然と気を使いたいものです。

六通りの認知過程

心理学者の詫摩武俊さんが、いまから半世紀前の一九七一年に著した『性格』（講談社現代新書）。この本の「他者の性格の理解」という章に、AとBの二人のあいだには次のような六通りの認知過程があると書かれています。なお、Aは見る自分、aは見られる自分を意味します。

①自分は明朗だ［自己認知の過程　A→a］
②彼は明朗だ［他者認知の過程　A→b］
③彼が彼自身を明朗だと思っていることを、私は知っている
［他者の自己認知を理解する過程　A→（B→b）］
④彼は私を明朗だと思っているらしい
［自分に対する相手の評価の認知　A→（B→a）］

⑤私が私自身のことを明朗だと思っていることを、彼は知っているらしい
[相手が自分の自分自身に対する見方をどのくらい知っているかを知る過程
A→{B→(A→a)}]

⑥私が彼のことを明朗だと思っていることを、彼は知っているようだ
[相手の認知過程についての推測　A→{B→(A→b)}]

ちょっとややっこしいですが、「なるほど」と思いませんか。

仕事でもプライベートでも、相手との関係は気になるものです。その典型は恋愛かもしれませんが、コミュニケーションを考える上で、この認知過程の話はとても参考になります。

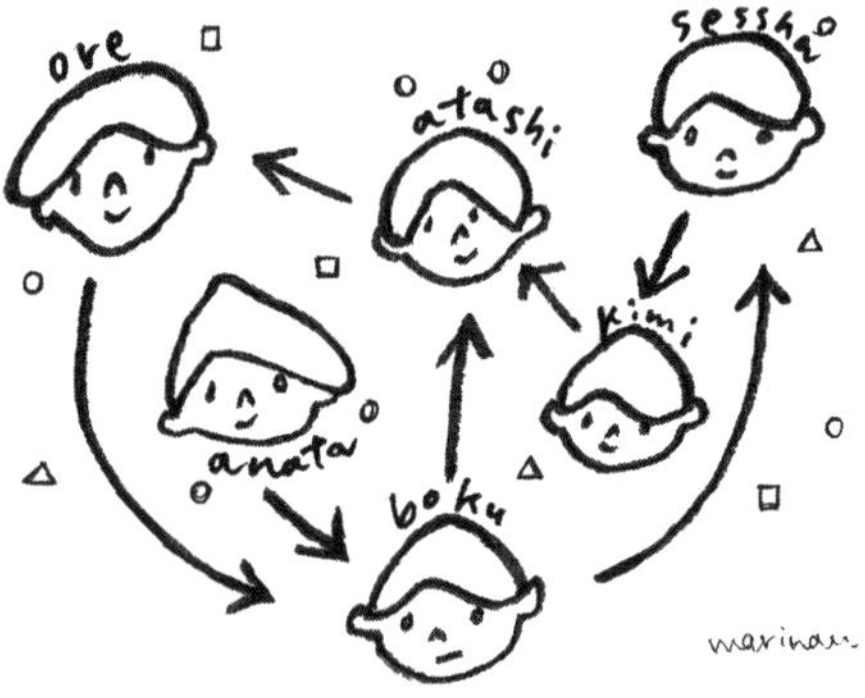
ore
atashi
sessha
kimi
anata
boku
marina

第4日

日ごろの準備があってこそ、
仕事が楽しくなり豊かになります。
これは大きく育っていくための
必須の前提でもあります。
そのなかで、あなた流の仕事を支える
「教養」が形づくられていくでしょう。
そのヒントになるかと思うことを。

20 Are you ready? 準備できていますか？

「チャンスは貯金できない！」という言葉があります。名言です。

アメリカの政治家ヘンリー・キッシンジャーさんの言葉とされますが（"Chance cannot save"）、アサヒビール中興の祖、樋口廣太郎さんの著書のタイトルともなりました（三笠書房、一九九九年）。なお、樋口さんにはすでにご登場いただいています（7「元気はカラ元気のあとからついてくる」）。

チャンスはつかみたいし、活かしたいものです。そのためには、いつ訪れるかわからないチャンスがめぐってきたときのために、日ごろから準備をしておかなければなりません。あなたは、いつでも準備できていますか？

たとえば、あなたは上司から、「〇〇物産の社長に、ある商品を至急確認していただきたいので、いますぐ大手町の○○物産の秘書室まで届けてくれ」と頼まれました。

そのとき、まさかあなたは、「今日はそんなところを訪ねるような服装をしていませんので無理です。他の人に頼んでくれませんか」などということはありませんよね。

「他社の秘書室を訪問することのどこがチャンスなの」と思う人もいるかもしれませんが、何事も経験です。

上司は、何らかの理由や思いがあってあなたに声をかけたのに、あなたは「準備完了」ではなかったため、チャンスは逃げていきます。そして、上司は二度とあなたに頼まなくなるでしょう。

この事例はささいなことに思われるかもしれません。しかし、「準備不足」には違いない。次元が異なっても、考え方は同じです。

部門の戦略会議や商品企画会議などで、「若手の意見も聞いてみましょう」と誰かが提案し、そのとおりになったとします。

発言を求められたとき、日ごろから社会や業界の動きをウオッチしていて、自分なりの意見をもっているなら、大きなチャンスです。

しかし、「わたしにはむずかしくてわかりません」とか、「とくに意見はありません」などと答えたとしたらどうでしょう。聞いた人はがっかりしますよね。


こんなことがありました。

二〇一六年四月に熊本地震があり、それから一ヵ月後の五月一六日、午後九時二三分に起きた関東地方の地震のときです。

この日、G7伊勢志摩サミットの前哨戦のひとつとして、G7科学技術大臣の会合がつくば市のホテルで行なわれていました。震度五弱を記録した茨城県小美玉《おみたま》市とつくば市は距離にしておよそ二〇キロメートル。そこでNHKは急遽、つくば市のホテルでG7科学技術大臣会合を取材していた男性のN記者（三〇代前半か）に、ニュースウォッチ9の番組のなかで地震についてレポートさせました。

しかし、ホテルの前に立ったN記者は、カメラに向かって意味のあることをほとんどしゃべれませんでした。

N記者に続いて、小美玉市にあるビジネスホテルでフロントを担当している女性Yさんが電話取材に応じました。彼女は、「宿泊客にもホテルの建物にも被害は何もない」旨を、とても冷静に伝えていて、好対照でした。

Nさんはおそらく政治部の記者だと思いますが、このころ、社会部系の記者が熊本の被災地からレポートしているニュースを連日見ていたはずです。しかし、地震のレポートは政治部の自分には関係ないと思い込んでいたのかもしれませんね。自分に出番がまわってくるとは思いもせず、心の準備をしていなかったのでしょうか。

ニュースウォッチ9のディレクターの、がっかりした声が聞こえてくるような気がしました。そして、N記者は、あきらかにチャンスを逃がしたように見受けられました。

Are you ready?

何度も来ないチャンスを活かせるように、準備をしていますか?

準備ができていますか?

21　好奇心の感度を上げて

街を歩いているとき、新聞記事を読んでいるとき、テレビでドラマを見ているとき、日常生活のさまざまな場面で、「なぜ?」「どうして?」と思うことがあります。疑問に思ったり、不思議に感じたりしたことはそのまま放置せず、調べましょう、尋ねましょう。

インターネット環境が身近になったのは二一世紀に入ってからです。それ以前、たとえばわたしが大学生だった一九八〇年代の初めは、新語・流行語の類の意味を知ろうと思えば、自由国民社から毎年刊行される『現代用語の基礎知識』という事典形式の本を引いてみるくらいしか、手段はありませんでした。

いまは、会議中や読書中に知らない言葉に遭遇しても、スマホを使ってその場ですぐにチェックできる、すばらしい時代です。

まずは、知的好奇心の感度を上げましょう。そもそも、周囲で起きていることが気にならない、変化に気がつかないようでは、どうにもなりません。

じつは、人の関心や好奇心というのは案外偏ってしまうものなんですね。

わたし自身の経験ですが、自宅の屋根の塗り直しを考えていたころは、散歩していると他人の家の屋根の色に目が行きました。それまで、同じところを歩いていても、そんなことは気にならなかったのに。そして、塗り直しが終わってしばらくすると、ふたたび気にならなくなりました。

同様に、息子が一人暮らしをするために賃貸物件を探していた時期は、目に飛び込んできたのは不動産屋さんでした。「街には、こんなにたくさん不動産屋さんがあるんだ」と、驚きました。

自分は好奇心が強い方だと自認している人でも、三六〇度、全方位に向かって関心を持つことは不可能です。人それぞれに、興味の対象は限られています。そして、生活や仕事が安定してくると、その角度が狭まっている可能性があります。
総務や人事などの管理部門に長くいる人は、要注意です。視野が広角から鋭角になってしまい、自社の技術や市場環境に疎く、自社の事業や商品に関心が薄い「本社の人」になるおそれがあるからです。

そして知的探究心。
好奇心と探究心は連動しなくては意味がありません。わからないことや不思議に感じたりしたことは、そのままにしないで、調べたり勉強したりが必要になります。勉強にはいろいろな方法があります。もちろん本を読むのはひとつの方法ですし、そのことに詳しい人に話を聞いてみるのも、とても効果的です。

そのうえで知的向上心。夏目漱石の『こころ』に、「精神的に向上心のない者はばかだ」というきついセリフがありますが、この知的向上心は好奇心と探求心の発露の結果ともいえます。いわば三位一体ですね。

求める人物像

　採用の仕事を担当していたときのことです。会社説明会などの場で、求める人物像をこう表現し、学生に訴えました。「思考力（知的好奇心・知的探究心・知的向上心）＋行動力」のある人、具体的には「①新しいもの・新しいことに興味がある人」「②勉強するクセがついていて、学問の楽しさを実感している人」「③五感で得た情報を基に、自分が何をすべきかを考え、行動できる人」「④サービス精神が旺盛で、他人のため、仲間のためにひと肌脱げる人」。

　このなかの③について。たとえば、工場でネジが落ちているのに気づいたら（インプット）、ネジを拾い、さらに、落ちていたことの原因究明と再発防止策を検討して実施する（アウトプット）ことができるかということ。電車の中で杖を突いた人を見かけたら（インプット）、席を譲る（アウトプット）という行動と同じですね。現実にはインプットをアウトプットにつなげない人が多く、とても残念。

22 「周囲」を見まわす

「障子を開けてみよ。外は広いぞ」

これはトヨタグループの創始者である豊田佐吉さん（一八六七〜一九三〇）の言葉です。

わたしたちは、周囲の環境に変化が乏しいと、無意識に自分の住む世界を固定してしまいがちです。起床時刻、通勤電車の乗車位置、昼食をともにするメンバー等々。毎日同じことの繰り返しになっていることがけっこうありませんか？

異動や転勤のように強制的な力が加わると、新たな世界が広がってきますが、同じ仕事を三年も担当していると、気づかないうちにマンネリ化していることがたくさんあるものです。

規模の大きな会社に勤めていても、実際に仕事上の接点がある人は一〇人程度という人もいるでしょう。

自分の領域を小さな人間関係のなかで閉じてしまうのではなく、意識して広げると、楽しいことが起きますよ。きっと。


さて、こんな風景を見たことはありませんか？

電話がかかったとき、当人が不在で、周囲の人が代わりに電話に出たときのこと。

A
「〇〇さんをお願いします」

「いません」

「いつごろお戻りですか？」

「わかりません」

B
「〇〇さんをお願いします」

「席を外しています」
「いつごろお戻りですか?」
「三時まで会議ですが、その後は席にいると思います」

AとBの違いはどこから来るのでしょう。やはり、周囲に関心を持っているかどうかの違いが、応対への差になってあらわれている、といっていいでしょうね。

同僚が髪を切ってきても、気がつく人もいれば気がつかない人もいます。

そして、「周囲」の範囲は職場に限らず、大袈裟にいえば世界にまで広がります。何事にも興味を示さない人は、驚くほど何も知りませんし、好奇心が強い人は、ビックリするほどいろいろなことを知っています。

まみむMEMO

宮崎駿監督の言葉

「企画は半径三メートル以内にいっぱい転がっている」

これはスタジオジブリの宮崎駿さんの言葉です。

宮崎さんの映画を観た人はみな、彼の豊かな想像力に驚嘆しますが、その発想の源は周辺の人たちとの何気ない会話なのだとか。プロデューサーの鈴木敏夫さんはこの言葉を紹介したあと、こう続けています。

「好奇心旺盛で、人間が好きなんですね。その人がどういう人かを知りたくて、用もないのにそばにいったりする。ともかく『知りたい』という欲求、彼の場合はこれがとても強い」(『仕事道楽　新版』岩波新書、二〇一四年)

世界的アニメ作家である宮崎さんにしてそうか、と感じ入りました。ともあれ示唆に富む言葉です。わたしたちも周囲に関心を抱くことで、仕事に関わるヒントを得たいものです。

23 「学校出たら、勉強しよう」

「諸君。学校出たら、勉強しよう。」

これは、日本経済新聞社が一九八二年に打ち出した広告のコピーです。

わたしが社会に出たのは一九八一年、入社して二年目の四月に、この広告ポスターが通勤で通りかかる東急東横線渋谷駅の改札口の近くに貼られていたのを、いまでもありありと覚えています。

「学校出たら、勉強しよう」とは、あまりにも皮肉なセリフですが、言い得て妙というか、思わず納得してしまったものでした。実際、そのころの文系の大学生といえば、多くが勉強よりも遊びに熱中していたわけですから。

もっとも当時、せっかく勉強しようとする学生に対して、「学校で学んだことなんか、社会では役に立たないよ」などと余計なことを語るおじさんがいたことも事実です。いまでもいます。

しかし、そんなことはありません。とても役に立ちます。

二一世紀に入り、大学も大学生も大きく変わりました。

たとえば、二〇一〇年にNHKがEテレで放送したマイケル・サンデル教授の「ハーバード白熱教室」が、当時大きな話題となりました。多くの視聴者が、学問はとてもおもしろいし、知的トレーニングは肉体トレーニングと同じように爽快であることを実感しました。

理系の学生は大学で自然科学や応用科学を学びます。入社後は技術者として学生時代に学んだ専門知識・能力を活かして、メーカーであれば新製品の研究開発などの仕事に当たります。

そして、技術系の社員は、入社後もごく自然にあたりまえのこととして、ずっと勉強しつづけ、自分の科学の力を高める努力を怠りません。なぜならば、自分の専門性が時代遅れになったり陳腐化したりすれば、すなわちそれは、技術者としての死を意味するからです。

一方で、多くの文系学生や事務系の社員は、そのようなことは自分とは関係ないことと勘違いしています。仕事をする上で大事なのは、「明るさ」や「積極性」や「コミュニケーション能力」だと思い込んでいます。

それは、半分正しく、半分間違っています。なぜならば、それらは備えていて当然の前提、ベースに過ぎないからです。

二〇代のうちは、先輩の指導を受けながら経験を重ねていけば仕事に習熟し、職務遂行能力も伸びていくような気になります。しかし、自分で考えて仕事を進めるという行動様式がビルトインされていないと、三〇代になったころには「難しい仕事は頼まれない人」になってしまいます。

上司からすれば、明るさだけが取り柄では、危なくて重要な仕事は任せられません。

難しい仕事や重要な仕事というのは、「やりがいのある仕事」と同義ですから、ことは重大です。

学生時代に知的トレーニングを積むことは、肉体トレーニングを行なうことと同様に楽しいいし、トレーニングの成果は着実に自分の財産になります。

文系の学生は社会科学や人文科学を学びます。社会科学は〝social sciences〟の訳語です。理系の学生と同じく科学、サイエンスを学んでいるということを再認識しましょう。

もちろん、事務系社員の場合は、技術系社員と比べて、大学時代の専攻や専門が仕事に直結することは少ないかもしれません。しかし、学ぶこと、考えることの姿勢は共通であり、学生時代に「学問した」「知的トレーニングを積んだ」経験は社会に出てから大いに活きます。

技術系社員がそうであるように、事務系社員もサイエンスの力を援用して付加価値の高い仕事をするところにやりがいがあります。

たとえば、メーカーの事業企画部門で働く人には、マーケティング論をバックに仕事をしてほしい。新商品を市場投入する際には、最近読んだマーケティング論の本で「なるほど」と思った理論や手法を参考に企画し、実験してみるといった仕事ぶりが期待されます。

HRM（Human Resource Management／人材マネジメント）部門の人には、人事管理論や労働経済学はもちろん、モチベーション論や社会心理学などにも興味をもって学び、仕事に活かしてほしいと思います。

西内啓《ひろむ》さんの著書に『統計学が最強の学問である』があります（ダイヤモンド社、二〇一三年）。西内さんは東京大学大学院医学系研究科医療コミュニケーション学分野助教を務められ、現在は分析サービスを提供する株式会社データビークルの代表取締役。

この本は当時、大きな話題となり、ビジネス書大賞を受賞しました。

同書のタイトルどおり、「最強の学問」である統計学は、事務系のどの仕事に携わる人にも、心強い味方です。


学生時代に学問した人もしなかった人も……、

「諸君。学校出たら、勉強しよう。」

24　文章力を高めるためのこだわり

理系出身の技術者の仕事が、設計図などの図面を描くことだとすると、文系出身の事務系社員の仕事は、企画書などの文書を書くことです。そして、書いたものの良し悪しで勝負することになります。ここで必要なのが文章力です。

文章の書き方に関する本は、無数といってもいいくらいの数が出版されていますから、アマゾンのカスタマーレビューの星の数などを参考にしながら、自分に向いた内容の本を探してみてください。

いくつか、わたしなりのヒントを。

他人の文章を漫然と読まないように、日ごろから気をつけるといいですよ。

たとえば、新聞を読む際は、その記事を、どんな記者がどんな心境でどんな苦労をして書いたかなど、背景・背後に係わる興味・想像をたくましくする。「上手だな」「しゃれてるな」などと感じた表現は、自分で文章を書く際に真似てみる。そしてときには、もし自分が記者なら「ここはこう書くな、こう表現するぞ」と批評してみる。

お遊びみたいですが、こうしたことを通じて、文章力が自然に鍛えられます。

自分の文章を第三者の視点で推敲してみるのも一つの方法です。自分が書いたものを客観的にみるのは案外むずかしいのですが、ともかく第三者からどうみえるか、つねに意識していると、文章が磨かれて、わかりやすくなります。これによって、説得力のある文書を作成できるようになりますよ。

少し横道にそれて……、かなり古い話を。

シンガーソングライター小坂明子さんの歌に「あなた」という名曲があります。これは、彼女のデビューシングルで、一九七三年の暮れにワーナー・パイオニアから発売されました。作詞・作曲ともに彼女自身です。彼女はこのとき一六歳。

当時、わたしは中学三年生でした。大ヒットしましたから、よく歌いましたし、歌詞も覚えました。いまでもほぼ覚えています。ところが数年前、テレビの音楽番組でこの曲がテロップつきで流れた際、「あれっ?」と思いました。

「あなたにいてほしい」と記憶していた歌詞がそうではなく、「あなたがいてほしい」だったのです。「に」でも「が」でも、どちらでも大差ないようですが、たしかに微妙にニュアンスが違います。彼女にとっては、「あなたに」ではなく、「あなたが」でなければならなかったのでしょう。

歌の詞ということで思い出すのは、作詞家の阿久悠さん(一九三七〜二〇〇七)です。彼が一九七〇年代から九〇年代にかけて、大ヒット曲を連発したことはよく知られていますが、彼の著作がまたすばらしい。たとえば『愛すべき名歌たち 私的歌謡曲史』(岩波新書、一九九九年)などを読むと、彼がいかに言葉にこだわり、言葉を大切にしていたかが、ひしひしと伝わってきます。

小坂さん阿久さんを援用したのでは僭越に過ぎますけれど、言いたかったのは、わたしたちも仕事で文章を書く際に、少しでもこだわりを持ちたいということです。むろん芸術と実務文書ではこだわりの性格やレベルが違いますが、どこか共通するものがあるはずです。

とくに、新しいアイデアを認めてもらうための企画書だったり、人事部門が社員に協力を呼びかけるような文書だったりしたときは、読み手の心を動かす文章をめざしたいと思いませんか？

さて、「書けそう」と「書ける」「書いた」には、雲泥の差があります。書くためには、その前に考えること、頭を使うことが必要です。書くことにより、頭の中が整理されるという効用もあります。そして、書いたものは残ります。

これは書くことにより自分の仕事をフローで終わらせずに、ストックにすることにつながり、そのストックは仕事をバージョンアップさせるための貴重な資産になります。これは次項で詳しく述べましょう。

25　フローをストックに

担当する仕事によって、業務のサイクル（周期）はさまざまですが、日・週・月・四半期・半年・年などで繰り返されるいわゆるルーチンワークと、単発のプロジェクトに大別できます。

わたしが担当した仕事を例にすると、月刊の社内報の編集は一ヵ月がサイクルでしたし、定期採用活動はきれいに一年でPDCAサイクル（plan‐do‐check‐act cycle）が回っていました。一方、会社創立七〇周年を記念した社史の編纂プロジェクトは、当初は五年計画でしたが、結果的には九年に及びました。

いずれにしても、ある時間的な単位でそれぞれの仕事は区切りがつきますし、仕事がうまくいけば、大なり小なり達成感を味わいます。そして次の仕事が始まります。

このように仕事は流れていきますが、そのまま終わらせるのではもったいない。仕事を単にフローで終わらせずに、ひと工夫してストックにしましょう。

じつは先にあげた仕事の場合、組織として、フローをストックにしていました。社内報は雑誌そのものが毎月作品として残ります。採用センター時代は「採用月報」を毎月まとめるとともに、「採用白書」を毎年作成していました。そして、社史の時期は「社史編纂ニュース」を毎月発行し、社内外の関係者と進捗状況などを共有するメディアの役割を持たせていたのです。

こうしたことを、個人としてやりましょうということ。

具体的には、レポートを毎月、個人的に書くことをすすめます。

たとえば、今月はどのような仕事をしたか、どこに出かけたか、誰に会ったかといった実績を記録し、くわえて、自分が何を感じたか、学んだかといった所感を添える。これを翌月の初めにまとめるのです。Ａ４判一枚でもいい。むろん他人に見せる必要はなく、自由に綴る。

続けているうちに、だんだん上手になっていきますよ。写真や図表を添えるのも効果的です。そして、このマンスリーレポートを後から読み返してみると、自分の成長が実感できます。いい思い出にもなります。

参考までにつけくわえると、わたしは一〇年ほど前から、仕事に関連して読んだ本の感想や、気になる新聞記事のポイント、そして世の中の出来事に対して感じたことなどを週に一回のペースで簡単なメモにまとめています。

「いまはちょっと忙しいので来月から」などと言わずに、ぜひ今月からレポートを書きましょう。

古人もこう諭していました（現代語訳は「ことわざ図書館」）。

少年老い易く学成り難し
一寸の光陰《こういん》軽んずべからず
未だ覚めず池塘《ちとう》春草《しゅんそう》の夢
階前《かいぜん》の梧葉《ごよう》すでに秋声《しゅうせい》

「若いときはうつろいやすく、学問を成すことは難しい。僅かな時間さえも軽んじてはいけない。池のほとりの春草が萌え出る夢も覚めぬうちに、もう庭先の青桐の葉が秋の訪れを告げているのだから」

26　情報を立体化する

個々の情報に価値があるかないか、一概にはいえませんけれど、どんな情報にも必ず価値があると考えるほうがいいと思います。「知る不幸」という言葉もたしかにありますが、何ごとも、知らないよりも知っているに越したことはないでしょう。

さて、ある一つの情報は単独では「点」ですが、二つの情報を結べば「線」になり、三つの情報が結びつけば「面」になります。そして、四つの情報がつながれば「立体」になります。

情報AとCに関連や関係がないと思っていても、情報BとDが加わることにより、「そうだったのか」とわかることがあります。

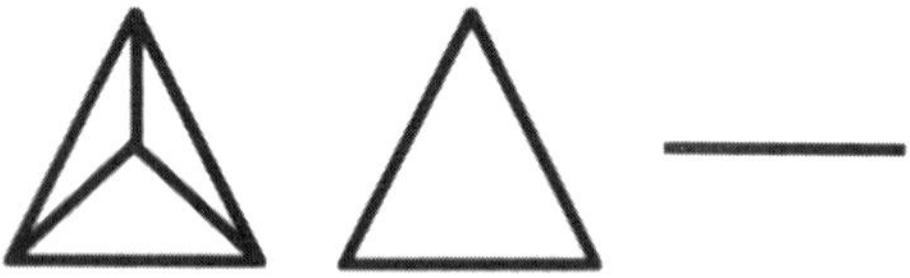

つまり、時間の経過のなかで、個々の情報を結びつけたり組み合わせたりすることで情報が立体化すると、新たな価値が生まれます。

たとえば、こんな例です。

（A）オフィスの隅にある会議室の前を通りかかると、法務部門の人たちと部長が打ち合わせをしているのを最近よく見かける。

（B）ある日の日経産業新聞に、フランスに本社のあるライバル企業の記事が載っていた。業績がよくないという。

（C）本部長が数日不在なので、秘書に尋ねてみると、「海外出張中です」と曖昧な答えが返ってきた。

（D）土曜日に自宅で日経新聞の朝刊を見ていたら、企業面に自分の勤務する会社とフランスの会社が、インドで合弁会社を設立するとの記事が目に入った。

セレンディピティ（serendipity）という言葉があります。「思わぬものを偶然に発見する才能」（ｗｅｂｌｉｏ辞書）であり、「素敵な偶然に出会ったり、予想外のものを発見すること。また、何かを探しているときに、探しているものとは別の価値があるものを偶然見つけること。平たく言うと、ふとした偶然をきっかけに、幸運をつかみ取ること」（ウィキペディア）。

また、シンクロニシティ（synchronicity）という言葉もあります。こちらは、「いわば『意味のある偶然の一致』のことで、日本語訳では『共時性《きょうじせい》』『同時性』『同時発生』とも言う」（ウィキペディア）とあります。

こうした閃きや偶然は、複数の情報が頭の中で結びつくことにより起きるものでしょうから、やはり、情報は豊富に持っているに越したことはないと思います。

なお、時間の経過を長くとらえると、それは温故知新の世界になりますし、歴史に学ぶことになります。

たとえば、「急がば回れ」「急いては事を仕損じる」といった故事・ことわざの類を情報として知っていることは、何かの判断や意思決定を行なう上での行動規範になりますよね。

また、自社の新規事業について、過去の失敗例とその原因を詳しく知っていれば、自らがニュービジネスを企画・提案する際に、参考になるでしょう。

さて、キヤノン電子社長の酒巻久さんの『朝イチでメールは読むな!』（朝日新書、二〇一〇年）に、以下のようなくだりがあります。

創造力というのは、通常、知識の量に比例する。何をするにも、知識がなければ、創造するのは難しい。知識が多ければ多いほど、創造力も発揮できるようになるのだ。しかし、知識が増えすぎると、その知識が邪魔して挑戦する前から無理だと諦めたり、新しい発想が出てこなくなるのではないか。そういった反論、危惧はある面正しい。確かにあまりにも知識が増えすぎると、その知識にすべてを照らして判断してしまうため、逆にその知識に囚われすぎる、ということも起こりうる。

ただこの心配は、ほとんどのサラリーマンにとって杞憂である。三〇代の四人に一人が、ひと月に一冊も本を読まないという現代では、知識がありすぎて創造性が阻害されている人など皆無に等しい。私自身そのようなレベルにないし、そんなレベルに達した人には、ほとんどお目にかかったことがない。たいていの人は、創造するために必要な最低限の知識すら欠けているのが現実だ。

おっしゃるとおりですね。それにしても「本を読まない」という指摘には、耳が痛い方もいらっしゃるでしょう。インプットが乏しければ、アウトプットは限られます。やはり、本を読むことは仕事を支える「教養」の源泉なのです。次章では、読書についてまとめます。

第5日

世の中に読書論は数多く、
さまざまな人がいろいろなかたちで語っています。
また、本の読み方は人それぞれで、
自分の流儀を持っている人も多い。
ここでは仕事に厚みを持たせる
読書ということを中心に、自由に話を広げます。
ときに雑談を交えつつ、「読む」ことの大事さを語りたい。

27 あなたの背中を押す読書

本は、人生のさまざまな場面で、あなたを救ってくれます。勢いを付けてくれます。背中を押してくれます。勇気を与えてくれます。

世の中には、いまのあなたの状況にぴったりな本が必ずあります。

水野敬也さんの書いた『夢をかなえるゾウ2　ガネーシャと貧乏神』（飛鳥新社、二〇一二年。文響社、二〇二〇年）にこんなくだりがありました。

悩みをかかえた「ぼく」を「ガネーシャ」は図書館に連れていきます。

「ここでどうしろと？」

「調べたらええやん」

「どういうことですか？」

「自分、今色々悩んどってお笑いに手ぇつけへんのやろ？　せやったらここで悩みを解消したらええんちゃう？」

「本を読めってことですか？」

「平たく言うとそういうことやね」

「ぼく」は落胆します。本を読んだくらいで何が解決するのか……。そうすると「ガネーシャ」は逆に不思議がります。

「仕事、お金、人間関係、幸せ……人間の悩みなんちゅうのはいつの時代も同じじゃ。そんで本ちゅうのは、これまで地球で生きてきた何億、何十億ちゅう数の人間の悩みを解決するためにずっと昔から作られてきてんねんで。その『本』でも解決でけへん悩みちゅうのは何なん？　自分の悩みは地球初の、新種の悩みなん？　自分は悩みのガラパゴス諸島なん？」

このガネーシャの言葉、説得力があると思いませんか？

28　本を読むのは自分への投資

ギョッとするコピーがありました。

「本も読まないオトコに明日はないっ！」

「だからあなたは、彼女にフラれたのかもしれない？　女が本を読まないオトコを嫌う理由」

これは、雑誌『ダ・ヴィンチ』一九九六年六月号の見出しです。刺激的で脅しのような文言ですが、男性向けのメッセージとしてはキャッチーだと、当時は思ったものです。

さて、ふだん本や新聞を読んでいるかは、顔に出ます。また、文章を音読してもらうと、ふだん本や新聞を読んでいるかどうかで、歴然とした差があらわれます。読みなれていない人は、読んでいて詰まったり、文字を読み飛ばしてしまったりします。

全国大学生協連合会が二〇一九年に大学生一万人強を対象に実施した「学生生活実態調査」では、一日の読書時間が〇分と答えた人が四八％もいました。その一方で六〇分以上が二七％、つまり四人に一人いました。読書する人としない人が二極化しています。

あなたはどちらのタイプの学生でしたか？ そして、社会人になったいまは、どれくらい読書していますか？

すでに書いたこととかかわりますが（3「らしいことをする」）、新入社員の時には新入社員向けの本を、管理職に昇進した時には管理職向けの本をというように、人生の節目にはその時々に読むべき本があります。読むタイミングを外さないことも大切です。

仕事との関連で言えば、読書は自己の未知・無知・不足を補い、新たな世界を知らせてくれるもっとも効率的な手段です。本を読むためにお金と時間を使うのは、自分への投資です。

29 一年一〇〇〇〇頁はむずかしくない

わたしにとって、とても参考になった読書法を紹介しましょう。

まず、賀来龍三郎《かくりゅうざぶろう》さん。わたしが二〇代のときに、キヤノンの社長を務めていらっしゃった方です。一九二六年生まれ。一九五四年に九州大学経済学部を卒業してキヤノンに入社。経理・人事・経営企画部門を歩んだ後に、一九七七年にキヤノンの三代目の社長に就任して事業の多角化を推進し、会社を大きく発展させました。一九八九年に会長となり、一九九七年には名誉会長に。そして二〇〇一年にお亡くなりになりました。

二〇代のわたしは、彼の経営哲学や経営思想にとても感銘を受けましたし、彼のような経営者がいる会社で働いていることを誇りに感じました。

その賀来さんは大変な勉強家であり、読書家でした。彼は、一年に一〇〇〇〇頁の読書をみずからに課していました。一冊が二五〇頁とすれば、四〇冊で一〇〇〇〇頁になります。一年は三六五日ですから、四〇冊で割れば一冊あたり約九日です。
九日に一冊というペースは、社長の激務をこなすなかでは容易ではなかったかもしれませんが、一般的には決して無理な目標ではなく、高くもなく低くもない、絶妙な高さのハードルだと思います。

わたしがこの賀来さんの読書法を知ったのは二〇代の終わりで、一九九〇年以来、ずっと真似しています。本を読み終わったら、その日付、著者名、書名、出版社名、ページ数を記入し、リストアップする。そして、追加項目として、その本がどれくらいおもしろかったかの評価を五段階で付けています。
若いころは仕事や遊びに忙しくて、年末に足し算すると一〇〇〇〇頁に少々足らず、悔しい思いをしたこともありましたが、四〇代になり、そして図書館を活用するようになってからは、楽勝で達成しています。

ぜひ若い人たちにも、今年から賀来さんの真似をしてほしいと思います。

そのうえで、なるほど、こういう読み方があるのかと気づかされ、本を読む際に、いまも意識していることを五つ紹介します。

「併読はOK」

複数の性格の異なる本を併行して読むことです。その昔、雑誌の記事で、作家の五木寛之さんがつねに五冊くらいの本を併読しているということを知りました。自分と同じようなことをしていることに勇気づけられました。

ですから、わたしはいま、通勤電車のなかでは仕事関連の本を、自宅で夕食後にテレビをつけながら趣味の本を、週末は少し分厚い小説を机に向かって読むといったことをしています。

「最後までページをめくる」

ジャーナリストでありノンフィクション作家であり評論家である立花隆さんが、『ぼくはこんな本を読んできた――立花式読書論、読書術、書斎論』（文藝春秋、一九九五年）

のなかで、おもしろくない本だったら、読まなくていいから、とにかく最後までページをめくることと書いていました。それで何かを発見することがあると。

以来、途中でやめたくなってしまう本も、読みはじめた以上、最後のページまでめくるようにしています。たしかに立花さんが言うように、途中で閉じて終わりにしなくて良かったなと感じるときがあります。この本も最後までめくってくださいね。

「隅々まで読む」

三〇代のときに、社内の技術者の先輩から聞いた話です。

彼は、「本や雑誌や新聞を読む時は、本文だけを読むのではなく、グラフや表もちゃんと見て、かつ図表に付いている注釈も必ず読むように」とアドバイスしてくれました。

このことにより、データの出典となっている統計の名前を覚えるなど、効用は少なくありません。

「三種類の読書をバランスよく」

これも三〇代のとき。人事部門の大先輩からこんな話を聞いて、なるほどと合点しました。「読書には三種類ある。そして、どれか一つに偏るのではなく、三つをバランスよく行なうのがよい」と。

ひとつは、座右の書と呼ばれるものを、折りにふれて繰り返し読む。クリスチャンにとっての聖書のようなもの。

次は、社会人として、あるいはビジネスパーソンとして、知識や能力を高めるためのもの。たとえば、経理に配属された人が国際会計基準に関する本を読むようなもの。したがって、このカテゴリーの読書は楽しいとはかぎらず、ときには苦痛かもしれませんが、「読まなくてはならない」ものです。

そして、趣味や娯楽としての読書。小説でもドキュメンタリーでも、自分が好きで興味を持って楽しむのですから、内容が軽くても難しくても何でもかまいません。門外漢からすると難解な古文書でも、歴史が好きな人にとっては、それは楽しい読書です。

「選球眼を高める」

わたしは図書館を活用するようになってから、本の種類・分野がとても広がりました。テレビや新聞で紹介されていたものや、アマゾンからのおすすめのなかで、おもしろそうだなと直感した本を、図書館のホームページで検索して予約しています。人気のある本は一〇〇人待ちのこともあり、半年が過ぎて予約していたことを忘れたころに順番が回ってくることもありますが。

また、本屋に出かけて棚を眺めていると、本の方からウィンクするかのように、気になる本が見つかることがあります。

そして、何冊も読んでいるうちに、やがて、面白い本に出会う確率が高まってきます。これは、野球のバッターが、経験を積むほどに、どのボールを打てば良いのかを見極める「選球眼」が高まっていくのに似ているかもしれません。

読書の経験を積むほどに、中身を見なくても、タイトル、著者名、出版社名、判型、装丁などから、おもしろいかおもしろくないか、想像がついてくるような気がします。

［番外］わたしの読書ノートから

『半年で職場の星になる！　働くためのコミュニケーション力』（ちくま文庫、二〇一三年）
『あなたの話はなぜ「通じない」のか』（ちくま文庫、二〇〇六年）

ともに山田ズーニーさんの本です。彼女は文章表現・コミュニケーションインストラクターとして活躍されていて、それだけに読みやすくておもしろい。そして、元気と勇気が湧いてきます。

「ズーニー」という変わった言葉は、「月」という意味のカシミール語で、インドを旅していたときに、現地の人がつけてくれた名前だそうです。

『会社に入ったら三年間は「はい」と答えなさい』（東洋経済新報社、二〇一四年）

著者は、人材教育コンサルタントとしても著名な園部貴弘さん。

タイトルに抵抗を感じるかもしれませんが、なかなか他では聞くことができない、堅実なアドバイスが、随所に詰まっています。
わたしは、会社に入って三三年たった年に読みました。

『上司は思いつきでものを言う』（集英社新書、二〇〇四年）

著者は、橋本治さん（一九四八～二〇一九）。大学紛争がピークを迎えた一九六八年、東大生だった彼は駒場祭のポスターに「とめてくれるなおっかさん　背中のいちょうが泣いている　男東大どこへ行く」とのコピーを作り、評判になりました。一九七七年『桃尻娘』で小説家デビュー。その後、「春って曙よ！　だんだん白くなってく山の上の空が少し明るくなって、紫っぽい雲が細くたなびいてんの！」で始まる枕草子現代語訳や、男の編み物など、次々と奇才ぶりを発揮したことはよく知られています。
それにしても、会社勤めをしたことのない彼が組織の本質を突いているのは痛快。

『「事務ミス」をナメるな！』（光文社新書、二〇一一年）

著者は中田亨さん。中田さんは「現代は『うっかり』が通用しない社会。事務職には高い信頼性が厳しく求められている」といいます。

間違えは誰にでも起こりえます。そして、気をつけていても起こります。「真面目に取り組む」ことや「緊張感を持って臨む」ことは大切ですが、仕事のプロセスの中に間違えに気づくことができる仕組みをビルトインすることも大事です。この本は、人がミスをしつづける原因を説き、事務ミスを起こさないためのポイントを具体例をあげながら紹介しています。

『経営学・入門』（宝島社、一九九八年）

二〇年以上前に刊行されたこの本には、三一人の研究者が執筆した意欲的な論文が収められています。その名前をいまあらためて眺めると、とても豪華です。たとえば、現在は一橋大学名誉教授でナレッジ・マネジメントの大家である野中郁次郎さんを筆頭に、高橋伸夫さん、米倉誠一郎さん、加護野忠男さん、金井壽宏さん、藤本隆宏さん、楠木建さん……。

現在、一橋大学大学院国際研究科の教授で『ストーリーとしての競争戦略』（東洋経済新報社、二〇一二年）などの著作で有名な楠木さんは、「なぜ組織は必要なのか？」を書いています。当時の肩書きは一橋大学商学部助教授で、三三歳。この論文のなかに、組織について考える際にいつも思い出す次の言葉が登場します。

「組織にあって市場にないもの、それは『愛』である」

この言葉がどういう文脈で登場するかというと……、

「組織という仕組みとは対照的な性格をもっているのは何だろう。それは『市場』である」「今までにないものを多少時間がかかっても、試行錯誤を通じてゼロから生み出していく、つまり広い意味での『イノベーション（革新）』に組織は優れているのである」

「イノベーションとは本来的に未来志向の挑戦である。そこでは現時点での効率よりも、『やりたい』という人間の自然な思いや夢や情熱といったお金に換算しにくいものでは人々をつなげていかなくてはならない」

「なぜイノベーションには組織が必要なのか」「イノベーションは結局のところ『愛』を必要とするから、ということになる」「組織にあって市場にないもの、それは『愛』である」

「ここで『愛』というのは、『人と人との継続的な相互作用』を意味している」

「ラグビーの世界で『ワン・フォー・オール、オール・フォー・ワン』とよくいう。これである」


とても明快で、深く納得します。

まみむMEMO

「本を読め、人に会え、そして旅をしろ」

「書を捨てよ、町へ出よう」は、劇作家・寺山修司さん（一九三五〜一九八三）が書いた評論集のタイトルですが、読書をすすめるわたしとしては「書を捨てよ」とは言えません。

「本を読め、人に会え、そして旅をしろ」。こちらは、池島信平さん（一九〇九〜一九七三年）の言葉だと言われています。

彼は、戦後まもなく月刊「文藝春秋」の編集長に就任し、今日にいたる文藝春秋の雑誌スタイルを確立した名編集長と評されています。そして、のちに文藝春秋の社長を務めました。

この言葉は、人生訓としてとてもバランスが取れていて、自分の世界を広げるうえで、すばらしい行動指針だと思います。

1 2 3 4
5
6
marina

第6日

さて、仕事に慣れてくると、
組織の一員としての自覚が必要になります。
同時に自分の仕事のスタイルも
しだいに確立していきます。
そのとき注意しておくべきことは何か。

30　組織の一員として組織を活かす

「組織は戦略に従う」という言葉があります。

これはアメリカの経営史学者、アルフレッド・チャンドラーさん（一九一八～二〇〇七）の著作の邦訳タイトル（原題："Strategy and Structure"）。一九二〇年代にアメリカで、当時の大企業がこぞって採用した事業部制が、どのような経緯で生まれたのかを、GM、デュポンなどへの調査から明らかにした名著です。

さて、会社は、戦略を遂行して成果を最大化するために組織を編成し、人を配置します。あなたも、その組織の一員として、ある役割を担っています。

組織には指揮命令系統があります。それも、成果を最大化するためです。二〇代のあなたであれば、課長や課長代理の指揮命令系統下に置かれているのが一般的でしょう。

したがって、指揮命令系統にない人から頼まれて、仕事を引き受けたりしてはいけません。

たとえば、隣の課の課長から、何かの資料を作成してほしいといった依頼があった際は、自分の課の課長を通してもらうのが筋です。

そのことを隣の課の課長に言いにくい状況がある場合は、自分の課の課長にそのことを報告してから、頼まれた仕事に着手するべきです。さもないと、「勝手なことをしている」ことになり、つらい立場に追い込まれかねません。

また、若い人にしばしば見受けられることですが、他者に仕事を頼んだり、協力を仰いだりするときに、組織を通じて依頼するのではなく、同期のつながりを通じて、「お友だち感覚」で行なっている人がいます。こういうことをしていると、仕事が遊びみたいに無責任で締まりのないものになってしまいます。組織を活かすことが大切です。

組織ということでふれておかなければならないのはチームワークです。ときに誤解されることがあるので、注意しなければなりません。

しばしばチームワークを「助け合い」と勘違いして、自分がいまやらなければならない仕事があるのに、それを中断して同僚の仕事を手伝おうとする人がいます。一見、美しい行為のようにも思えますが、そういう人は往々にして、その日に残業しています。

同じことを複数の人で行なうことがチームワークではありません。

ひとつの目標を共有した複数の人たちが、一人ひとり異なる役割を果たしながら、連携し、協働することがチームワークです。

つまり、関係部門と好連携した「立体的」な業務遂行により、仕事の水準を向上させること。「立体的」とは、連携により情報流通などがスムースに行なわれ、単独での業務遂行より仕事に幅や深み厚みが出ることをさします。

野球やサッカーなどのチームスポーツにたとえると、わかりやすいでしょう。野球でいうなら、ダブルプレーやトリプルプレーはまさにチームワークの成果。その醍醐味を味わいたいものですね。

31 優先順位を考えて仕事を進める

あなたの仕事＝ジョブ（job）は、複数の業務＝タスク（task）から成り立っています。たとえば、人事部門で採用を担当する課に属しているとします。文系大学生の定期採用が仕事であるなら、次のような複数の業務から成り立っています。大学のキャリアセンター訪問、会社説明会の企画・運営、面接の企画・運営、などなど。

さらに、個々の業務、たとえば大学のキャリアセンター訪問は、どういう基準で訪問する大学を選ぶのか、訪ねる相手は誰か、同じ日に複数の大学を効率的に回るにはどのようにアポを取るのがいいか、持参する資料は何か、などなど、細かく分解しなければ実行できません。

このとき大切なことは、複数の業務を併行して行なうために、個々の業務に相対的な優先順位をつけることです。つまり、X・Y・Zの三つの業務を遂行するにあたり、どの業務がより重要なのか、優先順位を正しく認識することです。

上司の認識がX＞Y＞Zなのに、あなたの認識がZ＞Y＞Xだと困ったことになります。

また、もうひとつ大切なことは、個々の業務を、Q（Quality：質）、C（Cost：費用）、D（Delivery：期限）の三つの要素から考えて、どの要素がより重要なのか優先順位を正しく認識することです。

たとえば、業務がカメラの新製品における機構設計である場合は、設計仕様に定められた性能（たとえば、一秒間に二〇枚の写真が撮れる）をクリアしなければなりませんから、Qが第一優先です。新製品の発売時期は決まっているでしょうから、むろんDも重要なのですが、Qが満たされない場合は、やむをえず発売時期を延期することになります。そんな事態になれば、市場導入計画や販売計画を立てていた事業企画部門や営業部門に多大な迷惑をかけることになりますし、ことによっては会社業績に悪影響を与えます。それでも最優先すべきはやはりQです。

これに対して、就活生向けの会社説明会で使うプレゼン資料を作成する業務の場合は、

Dが第一優先です。説明会の日に間に合わなければ意味がありませんから、当然です。もちろん、学生が魅力的だと感じてくれる内容にしなければなりませんから、Qも重要です。とはいえ、説明会に間に合わせることが第一義であり、Qは第二義です。Qについて妥協せざるをえなかったときは、説明員に当日の話術でカバーしてもらうことになるでしょう。

また、販促材を製作する業務の場合、予算の範囲内で収める必要があるでしょうから、特別の事情でもないかぎり、Cが第一優先となるのがふつうでしょう。

優先順位の組み合わせは、次の六通りです。

Q＞C＞D　Q＞D＞C
C＞Q＞D　C＞D＞Q
D＞Q＞C　D＞C＞Q

個々の業務がどの組み合わせに該当するのか、きちんと認識しましょう。ここを誤ると、一生懸命仕事をしても、努力が無駄になります。

32　良いマイペースをつくる

「マイペース」を辞書で引くと、「自分に適した速度で、物事を進めること」（デジタル大辞林）とあります。「マイペース」は和製英語だそうですから、あまり言葉にこだわっても意味がないでしょうけれど、これだけみれば良い言葉です。

それなのに、「彼はマイペースだから」などと使われるときは、しばしば「自分勝手」であるとか「まわりにはお構いなし」といったような、ネガティブなニュアンスが込められていることがあります。それはどうしてでしょう？

マイペースには悪いマイペースと良いマイペースがあるのです。

悪いマイペースとは、周囲の動きと関係なく、自分の気分や体調に合わせて仕事をすること。つまり、はたからみれば「自分勝手」。こういう傾向が強い人は、組織で働くのには向いていません。

しかし、社内を見渡すと、案外このタイプがいるものです。そしてそれは、性格という要素よりも、仕事の進め方が間違っていることに起因することが多い。

では、「自分に適した速度で物事を進める」という原義に即して、良いマイペースで仕事を行なうためにはどうしたらいいか。

結論からいうと、「いつ何が起きるかを把握したうえで、いま何をするか、しなければならないか」という発想で仕事の計画を立て、段取りを組んでいくことです。

そして、良いマイペースで仕事ができると、気持ちに余裕が生まれ、結果として仕事の質が向上します。

しかし問題は、そもそも「いつ何が起きるか」をどのように把握するかです。その前提がないと、「いま何をするか、しなければならないか」が明確になりません。

把握する対象は、社会、業界、自社とさまざまにあり、多様・多層です。極論すれば、どんなことであれ、知っていて得することはあっても、損することはありません。

思いつくままに例をあげてみましょう。

社会でいえば、アメリカやロシアで次の大統領選挙が行なわれるのはいつか、中国の国家主席の任期はいつまでか、次のG7はいつどこで開催されるのか、通常国会・臨時国会の日程、各種統計（例：GDP、失業率）の公表日、などなど。

業界でいえば、たとえば東京モーターショーなど、展示会の日程。

自社でいえば、予算・決算スケジュール、取締役会や経営会議など重要会議の開催日程、決算発表日程、株主総会開催日、入社式、新入社員研修日程、上司や同僚の出張スケジュールや誕生日、などなど。

ロシアの大統領選挙が自分の仕事に直接影響するのは、ロシア市場を担当している人くらいかもしれませんが、思わぬ連関が生まれたりするものです。

また、GDP予測がいつ発表されるかを知っていれば、たとえば市場環境のプレゼン資料を作る際に役立ちます。その資料を使う会議の前日に新しいデータが発表されることを知っていれば、最新のものに差し替えようといった思考と行動を取ることができますから、信用を高めることになるでしょう。

身近な例では、上司の出張予定の把握などがあります。来週月曜日から一週間、海外出張で不在になると知れば、自分の仕事に必要な資料の購入に関して、今週中に承認を得ておかなければならないと思いいたりますね。

このあたりの感覚がないと、「そんなハズではなかったのに」といった不都合が発生しやすいのです。

33 「早い」(early)の効用

業務を速く(speedy)行なうことの重要性は、誰しも認識し、努力していることでしょう。これまで三時間かかっていたものを二時間でできないか、あるいは一時間で一〇件処理していることを一二件に増やせないか。そのために作業方法を見直したり、ツールを導入したりといった改善は大切です。

これに対して、業務に早く(early)着手することの重要性は、意外に認識されていません。あるいは、認識されていても、あまり実行されていません。

これはじつは、前項でふれた良いマイペースに直結することです。いつ何が起きるのかを把握できていないと、先手を打って早めに着手することができません。つまり、早く(early)仕事をするためには、課題認識が必要です。

しかし、それ以前に、学生時代の試験勉強と同じで、早く準備するに越したことはないのに、ぎりぎりまで放っておくという問題がありそうです。

もしかして、これ以上先のばしできない段階になってバタバタとやることに快感があったりしませんか? スピーディーに業務を処理するスリルと、うまく間に合ったときの達成感、満足感を味わいたいとか。でもこれは危険な本能で、実際には、バタバタと処理した業務にはミスも多く、質(Quality)が下がります。

そして、ミスをすると、それをリカバーするための余計な業務を発生させたりしますし、ときには費用(Cost)がかかります。「金に糸目はつけないからさっさとやれ」という具合に。

こんな事例がありました。

仮にAさんとします。Aさんは上司から、明日の朝九時に開催される重要会議で配布する資料の大量コピーを頼まれました。コピーに要する時間は、高速の複写機を使って一時間と見込まれます。

頼まれたのは朝九時です。ほかの仕事を後回しにして、ただちにコピー作業にとりかかるならば、一〇時過ぎには終わります。しかし、Aさんは、会議までまだ二四時間もあるから午後に着手すればいいと考え、午前中は通常の仕事を行ないました。

午後の三時が過ぎたころ、コピー作業を頼まれていたことを思い出します。あわてて着手しましたが、複写機の調子が悪く、頻繁に紙が詰まる。そうこうしているうちに、A４判の用紙が底をつき、別の階の職場から一箱借りてこなくてはならない羽目に。

さらに悪いことが続きます。

複写機のステープラーの針が無くなってしまい、かつ不運なことに在庫が社内のどこにもない。こうなると自分のステープラーで一部ずつ綴じるしかありません。ところが資料の枚数が多いために針がきれいに刺さらず、苦労する。

夕方六時になろうとしているのに、まだ半分しか終わっていない。Aさんのただならぬ雰囲気を察知して、残業中の先輩三人が助けてくれて、なんとか夜八時前に終了しました。

もはや笑い話のようですが、実際にあった話がもとになっています。

ここでは先輩が助けてくれたことで、ことなきを得ていますけれど、現実には資料が会議開始に間に合わず、上司を苦境に立たせる部下もいないわけではありません。

早く（early）は、リスクマネジメントに深くかかわっているのです。

このことに、早く気づくべきですね。

早く（early）の大切さが広範囲に及ぶことは、業務を重要性と緊急性という観点から考えてみると、さらにはっきりわかります。

これは世の中のつねですが、緊急事態が発生すると、重要な業務よりも緊急な業務の方が優先されます。

災害のような緊急事態を想起すればあたりまえですね。

そして、緊急性とはそうした緊急事態にかぎりません。会社はピラミッド型の階層組織ですから、上司から「○○について至急調べてくれ」と言われれば、いかに重要な業務の最中であっても、それを中断して上司の依頼に応えることが優先されます。

緊急事態はともかく、上司からの急な要請・指示など、仕事の場面でしばしば生じます。これ自体はやむをえません。しかし、そう受けとめているだけだと、緊急性にふりまわされて、重要な業務はいつまでたっても後回しにされて進捗しませんし、達成されません。

スケジュールを組むにあたって、予期せぬ緊急事態・緊急要請がある頻度で発生することを前提にしておかないと、あとであわてることになります。

こうして考え合わせると、早く（early）がいかに大切であるか、おわかりでしょう。「良いマイペース」をキープするために、とても有効な手段です。

34 まずはゼロから始めてみる

一年に一度しか発生しない業務があります。人事や経理にはこういう業務がたくさんあります。税金の年末調整とか、来年度の予算作成とか。

こうした業務の場合、前任者が一年前に作成した通達の文書データを開き、日付だけを直して上書き保存し（あるいは文書名だけを別名にして）、そのまま使うというような仕事の仕方をしている人がいます。

わたしはこれを、「上書き仕事」と読んでいます。

たいへん楽な仕事の仕方ですが、二つの点で危険です。

一つは、一年前と事情・状況がまったく同じなのかどうか。

例にあげた年末調整の場合、税制が変更されて、廃止されたり新規に設けられた項目があるかもしれません。そうしたことに気づかずに通達を流し、あとで間違いを指摘されて訂正版を出すような事態はみっともない。時間とお金のムダです。

もう一つは、こういう安易な仕事の仕方をしていると、実力がつかず、成長しないということです。

先輩から引き継いだ仕事を初めて行なうときは、不安かもしれませんが、安易に「上書き仕事」をせずに、まずは自分の力で通達をゼロから書いてみましょう。

そのためには、その業務の本質を理解しておく必要があります。そして、自分で書いてみることによって、業務プロセスのどこがよくわかっていないのかを把握できます。

そのうえで、前任者の作った通達を参照し、自力で書いたものと比べてみる。もし、昨年の通達と比較して、自分のほうが簡潔明瞭であれば、立派なものです。

こういう仕事の進め方が身についてくると、実力がどんどん上がっていきますよ。

35　難易度の高い業務に挑む

業務にはそれぞれ、難易度と優先度があります。

難易度は固定して捉えることはできません。

毎年繰り返される業務であれば、初めてのときはむずかしく感じたけれども、三年目くらいになるとやさしく感じたということがあるでしょう。

あるいは、Ａさんにとってはむずかしくても、Ｂさんには簡単だということもありえます。それは、ＡさんとＢさんの経験と能力の違いに起因します。

しかし、簡単に処理できない、ときには方法さえわからない難しい業務はたしかにあります。

次頁の図は縦軸が難易度、横軸が優先度を示しています。

第一象限は「難易度が高く、優先度も高い」業務です。担当者にとってはやりがいがあり、会社にとっては付加価値が高い。

一方、第三象限は「難易度が低く、優先度も低い」業務です。会社としてはこういう付加価値の低い業務は、対策を講じて廃止したい。しかし、意外とこういう業務はいつまでも無くならないものです。それは、担当者にとっては「楽だから」であり、もしかすると「楽しい」からかもしれません。

どの業務がこの図のどこに配置されるかは仕事によって異なるので、ここではこれ以上ふれません。ただ、おのずから職場では了解されているでしょう。

言いたいのは、第三象限に属する業務に甘んじていたのでは成長は望めないということ。ぜひ、難しい業務に挑戦してほしいと期待しています。

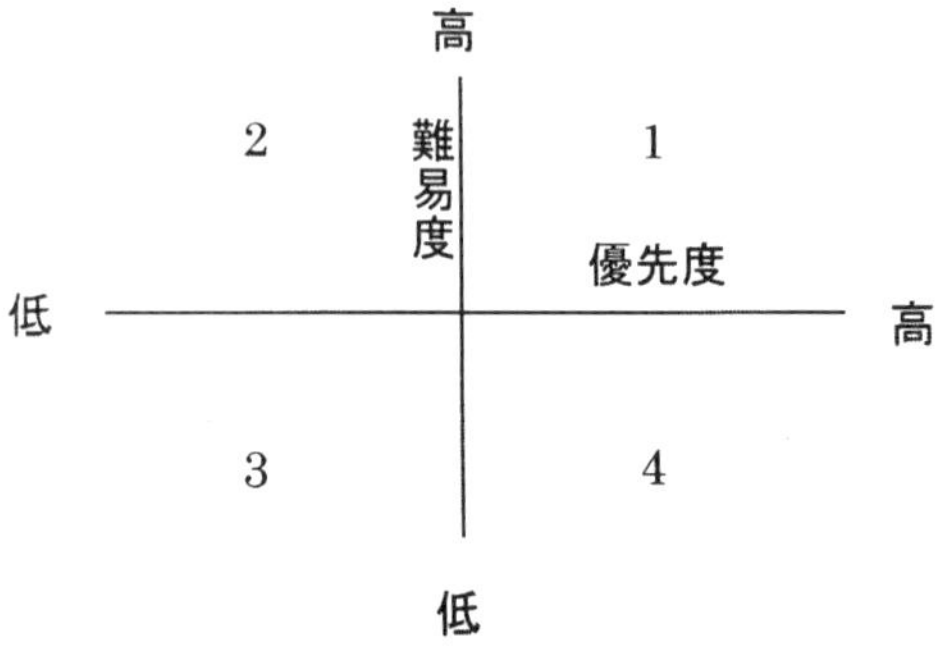

36　別の立場になって考える

入社三年目の若手で、職場に後輩はいない。先輩は入社六年目と一〇年目の二人。上司は三〇代後半の課長代理。ひらたくいえば、立場はいちばん下。いかにもありそうな風景で、あなたも似たような立場だったりしませんか?

このとき注意しなければならないのは、いちばん下だからといって、いつもその立場で物事を考えていたら、考え方が低い次元で固まってしまう危険があることです。「後輩ができたら、そのときになって先輩としての考え方をすればいい」というのでは遅すぎます。

打ち合わせをしている際に、「管理職ではないので、そういうことはわかりません」といった答え方をする人を、わたしは何人か知っています。このときいつも、みずから成長することを拒否している響きを感じてしまい、悲しくなったものでした。

何かを考えるときに、いまの自分の立場で考えるとともに、別の立場でも考えてみる習慣があると、考えた結果の品質が向上します。

別の立場には二つの方向があります。

ひとつは縦方向。

いまの自分の立場の一段階二段階上のつもりで、いわば大所高所から物事を考えてみる。つまり、「自分が課長だったらどうするだろう」というように。

この姿勢はとても大きな意味を持ちます。自分で考えて「決める」習慣につながるからです。

自分の考えもなく、複数の選択肢を用意しただけで、上司や先輩に「どうしましょうか?」とか「どちらにしますか?」などと聞く人がいたりしますが、これではいつまでたっても「決める人」にはなれません。

複数の選択肢があるときは、自分はどうしたいのかを自分ではっきりと決めてから、先輩や上司に「どちらにしますか?」と問う。そうすれば、結果が自分と同じであっても違っていても、「なぜ同じ考えなのか」「なぜ考えが違うのか」を知ることで、学ぶことができます。


もうひとつは横方向。

異性の立場、お客様の立場、ライバル企業の社員の立場といったように、自分とは違う立場の人になったつもりで考えてみることです。

こうすることにより、気がつかなかったことに思いが及んだり、考えがあまりにも自分勝手であることがあきらかになったりしますよ。

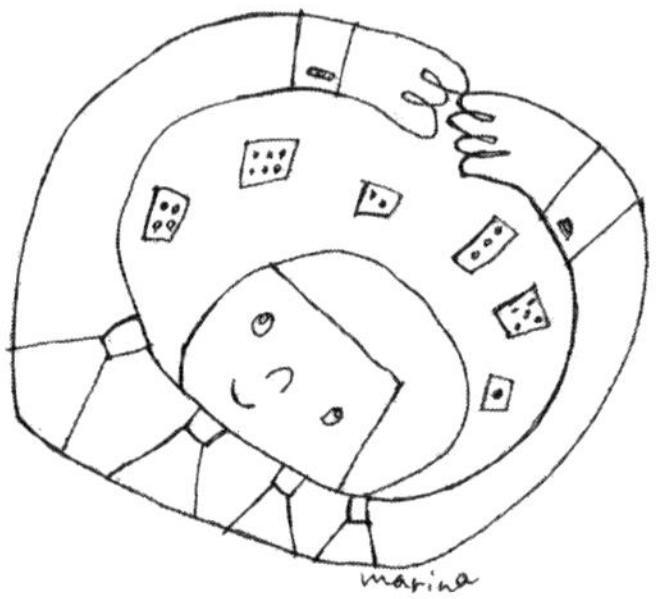
marina

第7日

いよいよ最終日です。
会社の一員であることは、
その会社を発展させる一翼として
機能することが期待されています。
自分の位置をたしかめ、
そして着実にその地歩を築いていくために
考えておきたいことをまとめ、結びとします。

37 自分を覚えてもらおう

他人のことを覚えるのは、あなたの努力でできます。では、他の人から覚えてもらうには、どうしたら良いでしょうか？

そうです、本書冒頭で取り上げた「目立つ」ことです。ぜひ「頭角を現す」ことにより、いい意味で目立ち、あなたのことを覚えてもらいましょう。

ピーター・ドラッカーさん（一九〇九～二〇〇五）の言葉を紹介します（『プロフェッショナルの条件 ── いかに成果をあげ、成長するか』ダイヤモンド社、二〇〇〇年）。ドラッカーさんはマネジメントという考え方を提唱し、現代経営学の基礎をつくった巨人です。欧米のみならず、日本の企業人や経営学者にも多大な影響を与えました。

何年か前に、かかりつけの腕のいい歯医者に聞いたことがある。「あなたは、何によって憶えられたいか」。答えは「あなたを死体解剖する医者が、この人は一流の歯医者にかかっていたといってくれること」だった。この人と、食べていくだけの仕事しかしていない歯科医との差の何と大きなことか。

［中略］

私が一三歳のとき、宗教のすばらしい先生がいた。教室の中を歩きながら、「何によって憶えられたいかね」と聞いた。誰も答えられなかった。先生は笑いながらこういった。「今答えられるとは思わない。でも、五〇歳になっても答えられなければ、人生を無駄にしたことになるよ」

長い年月が経って、私たちは六〇年ぶりの同窓会を開いた。ほとんどが健在だった。あまりに久しぶりのことだったため、初めのうちは会話もぎこちなかった。するとひとりが、「フリーグラー牧師の質問のことを憶えているか」といった。みな憶えていた。そしてみな、四〇代になるまで意味が分からなかったが、その後、この質問のおかげで人生が変わったといった。

今日でも私は、この「何によって憶えられたいか」を自らに問い続けている。これは、自らの成長を促す問いである。なぜならば、自らを異なる人物、そうなりうる人物として見るよう仕向けられるからである。運のよい人は、フリーグラー牧師のような導き手によって、この問いを人生の早い時期に問いかけてもらい、一生を通じて自らに問い続けていくことができる。

（翻訳・上田惇生、「3章　何によって憶えられたいか」より）

この『プロフェッショナルの条件』が出版された二〇〇〇年といえば、わたしは四〇代の前半。フリーグラー牧師の「何によって憶えられたいかね」という質問に出会い、考えさせられたものです。

そのときは、この質問にいまは明快に答えられなくても、五〇歳になるまでには答えられるようになっているだろうと思っていました。しかし、気がつけば、五〇代どころか、もはや六〇代です。それなのにまだ、答えが出せそうもありません。

もしかすると最期まで答えられないむずかしい質問なのかもしれません。でもそれはそれでいいのです。自問をつづけることこそ大切なのですから。

38 「憧れの人」を見つけよう

一般的に、「他人に影響される」という表現には、「自分自身に確たる考えがないから、他人の意見に引きずられてしまう」といったような、ネガティブな意味合いが含まれています。

また、「水は低きに流れ、人は易きに流れる」という言葉があるように、そうすることがあまり良いことではないことが自分でわかっているにもかかわらず、あの人もそうしているから「まあいいか」といったように、他人の悪影響を受けることもあります。

ここで話したいのは、こうした負の影響ではなく、他人の良いところを積極的に見習おうという趣旨です。

社内でも社外でもどちらでもかまわないのですが、仕事上の「憧れの人」はいませんか。ここでいう「憧れの人」は、「あの人の仕事ぶりはすごい。自分もあの人のように仕事ができる人になりたい」と感じるような人のことです。

この「憧れの人」は、「メンター」と言い換えることもできるかもしれません。人事労務用語辞典には、メンターについて次のような解説が載っていました。

Mentor 「助言者」「相談相手」「師匠」を意味します。新入社員や後輩に対し、職務上の相談にとどまらず、人間関係、身の処し方など個人的な問題まで広く相談に乗り、助言を与える人。一九八〇年代にアメリカで人材育成の手法として制度化され、日本でも導入が進んでいます。

このメンターに相当する人を、会社からあてがわれるのではなく、自分で見つけようという提案です。

関連して、もうひとつ覚えてほしいのが、「コンピテンシー」という言葉。

ネットにある「3分でわかる最新人事コラム」では、次のように説明されています。

1　コンピテンシーとは
コンピテンシーとは、高業績者に共通してみられる行動特性のことです。

「ある職務や役割において優秀な成果を発揮する行動特性」などと定義されています。

社内で高い業績を上げている社員の専門技術・ノウハウ・基礎能力等を細かに観察し、何がその人を「仕事のできる社員」にしているのかを明らかにするものです。

そして、この〝コンピテンシー〟を行動基準や評価基準に活用することにより、社員全体の行動の質を上げていこうというわけです。

2　コンピテンシーの歴史

もともとは、ハーバード大学の心理学者であるD・C・マクレランド教授を中心としたグループが、米国務省から「学歴や知能レベルが同等の外交官（外務情報職員）が、開発途上国駐在期間に業績格差が付くのはなぜか?」という依頼を受け、調査・研究を行った結果、「学歴や知能は業績の高さとさほど相関はなく、高業績者にはいくつか共通の行動特性がある」と判明した事が始まりとされています。

このとき、挙げられた行動特性は以下のようなものでした。

・異文化に対する感受性が優れ、環境対応力が高い
・どんな相手に対しても人間性を尊重する
・自ら人的ネットワークを構築するのが上手い

ぜひ、「憧れの人」を一人でも二人でも見つけて、自らの意志でその人の影響を受けて、良いところを真似て学び、成長につなげていきましょう。

39　守備範囲を大きくとろう

読売巨人軍の終身名誉監督である長嶋茂雄さんは、現役時代はサードを守り、華麗なプレーがファンを魅了しました。彼は、飛んできた、あるいは転がってきた打球を追いかけて、ときにはショートの守備位置にも踏み込んでいきました。

「長嶋選手は、サードとショートの間に線を引かなかった」——こう語ったのは慶應義塾大学大学院政策・メディア研究科特任教授の高橋俊介さん。わたしは二〇数年前に社内報の取材でお会いした際に、この話をうかがいました。

上司への不満でよく聞くのは、「わたしの業務分担をはっきりしてください」というものです。いわば、ここからここまでと、明瞭な線引きを求めるものです。

たしかに、業務分担が曖昧では、何をどこまでしたらいいのか、困るでしょう。そして、無駄が発生したり、仕事に抜けが生じたり、不都合なことが起きたりします。

しかし、その一方で、「のりしろ」という適度な重なりも、スムースな組織運営には必要です。自分の守備範囲を狭くとらえると、視野が狭くなり、意識も低くなりがちですから、要注意です。

フェイスブックの創業者であるマーク・ザッカーバーグさんが、母校であるハーバード大学の卒業式に招かれて、次のようにスピーチしました（二〇一七年五月）。

One of my favorite stories is when John F Kennedy visited the NASA space center, he saw a janitor carrying a broom and he walked over and asked what he was doing. The janitor responded : "Mr. President, I'm helping put a man on the moon".

つまり、ケネディ大統領がＮＡＳＡを訪ねたとき、清掃をしている人を見かけ、こう尋ねたというんですね、「何をしているのか」と。ふつうなら「掃除をしています」と答えるところでしょうが、そうではなく、「人類を月に送る手伝いをしています」と答えたという。

この話は有名ですが、とても示唆に富んでいます。自分の仕事をどのように捉えて仕事をしているかは、仕事の結果、仕事の品質に反映するからです。

もうひとつ、よく引き合いに出されるのが、レンガ職人の寓話です。

レンガ積みをしている作業員に、何をしているのかと尋ねたところ、三人は次のように答えました。

一人目は、「見れば分かるだろ、レンガを積んでいるのさ」
二人目は、「レンガを積んで、大きな壁を作っているのさ」

三人目は、「レンガを積んで、神に捧げる大聖堂を作っているのさ」

この二つのエピソードは、学問的にはジョブ・クラフティングという考え方で捉えられるでしょう。ジョブ・クラフティングについて、東京都立大学の高尾義明教授はこう解説しています。

「ジョブ・クラフティング」は、二〇〇一年に生まれた割と新しい概念で、「ジョブ・デザイン」と比較すると分かりやすいと思います。

一九七〇年代頃から、従業員のモチベーションを高めるために、人事や上司が従業員の仕事を計画的にデザインし、働く個人に仕事の意味を感じてもらおうとする施策が広まりました。これがジョブ・デザインです。対して、ジョブ・クラフティングは、働く個人が〝主観的・主体的〟に、仕事に新たな意味を見いだしたり、仕事内容の範囲を変えたりすることを指します。もう少し詳しく説明すると、ジョブ・クラフティングを提唱したレズネスキーとダットンは、「個人が自らの仕事のタスク境界もしくは関係的境界においてなす物理的・認知的変化」と定義しています。ジョブ・クラフティングの例として、レズネスキーとダットンは、よく病院の掃除スタッフの話をします。掃除スタッフの仕事はもちろん掃除ですが、そのうちの1人が「掃除スタッフとはヒーラー（治癒力を高める人）だ」と考えたら、そのスタッフは掃除をするだけでなく、自ずと患者やその家族を癒やそうとするでしょう。このように、仕事に新たな意味を見つけ、タスク境界（仕事内容の境界）や関係的境界（人間関係の境界）を自ら動かせば、働き方は変わるのです。

（「RMS Message」二〇一七年八月号）

「何をしているのですか」と問われたら、あなたはどのように答えますか？

40 企業理念をつかもう

いま、あなたが大事にしている価値観とは何でしょうか。そしてそこには「これだけは譲れない」といったことが含まれているかもしれません。

自分の価値観と勤める会社の価値観にくいちがいがあると、働くのがつらくなります。いささか極端な例になりますが、たとえば、「地雷」を商品とし、研究・開発・製造・販売している会社があるとします。地雷は、人を殺戮《さつりく》するためのもので、殺戮能力が高いほど優れた商品ということになります。

わたしは、自分の価値観に照らして、そうしたものをビジネスにしている会社で働き、そこで得た報酬で生活をしたいとは思いません。そのお金で子どもを育てたいとは思いません。

しかし、その会社で働いている人には別の価値観がありえます。たとえば、「地雷は紛争の抑止力になる」など。

これは善悪や正誤の問題ではなく、価値観の違いです。

さて、企業は自社の最上位の価値観を企業理念として示しています。企業理念はその会社の存在意義をあらわすものですから、会社という組織で働いているからには、自社の企業理念に共感できるか否かはとても重要です。

会社によっては、「綱領」「社是」「行動規範」「行動指針」「モットー」「Way」「Credo」などと表現したりしますが、自社の価値観をあらわしているということでは企業理念と同じです。

たとえば、世界的に展開している著名なホテルブランドであるザ・リッツ・カールトン（The Ritz-Carton）のモットーは有名です。

“We are Ladies and Gentlemen serving Ladies and Gentlemen.”

つまり、「紳士淑女をおもてなしするわたしたちもまた紳士淑女です」というわけです。

これは、すべてのスタッフがつねに最高レベルのサービスを提供するという姿勢の宣言。ホテルの従業員にとってこの言葉はとても心に響き、みずからの仕事の価値に自信を感じさせてくれるすばらしいものではないでしょうか。

こういう言葉が社員の間に浸透して生きている会社は、組織に一体感があります。

肝心なことは、企業理念が社員の間にしっかりと浸透しているかどうかです。いくら立派で美しい企業理念を掲げていても、社員が無関心であったり知らなかったりするのでは、ただのお飾りに過ぎず、価値はありません。

企業理念は暗記することに意味があるのではなく、それが定められた背景や歴史を知り、それが持つ価値を理解し、共感できるのであれば、それを仕事のなかで実践していくことが大切です。

案外気づかれていませんが、じつは、こうしたことを考えるときに役に立つのが社史です。

創業から今日にいたるまで、順調に一本調子で発展してきた会社はめったにありません。会社設立の経緯や初期の苦労からはじまって、製品開発や市場開拓に成功したといった明るい話もあれば、新規事業に失敗したなど暗い話題もある。そのすべてに物語があります。

残念ながら、社史は担当者が苦労して制作しても、社員にほとんど読まれることはないというのが定説です。しかし、読んでみるとけっこうおもしろいですよ。

かつて社史の担当者であったからよくわかるのですが、わたし自身、いろいろ興味深い発見があって、先人たちのご苦労に思いを馳せることができました。社史を通じてそうした歴史を知ると、会社に対する認識は深まり、仕事に向かう意識も高まります。

社史にはとても貴重な情報が詰まっている――この項の最後に力説しておきたいと思います。

41　グローバルを意識しよう

地方の酒蔵や和菓子屋さんの多くは、二〇世紀末まで典型的なローカルビジネスでした。商圏は自社が存する市町村か、広くても県内というのがふつう。

それが二一世紀になると経営者の才覚と勇気、そしてＩＣＴ（情報通信技術）と国際宅配便により、「商圏は全世界」というグローバルビジネスの時代を迎えました。

そうした動きの代表格のひとつが、純米大吟醸酒「獺祭」の蔵元である山口県岩国市の旭酒造。同社はパリで「フレンチの神様」と呼ばれるジョエル・ロブションさんとコラボした店舗を二〇一八年にオープン。また、ニューヨークでは獺祭の醸造を計画するなど、単なる輸出を越えたグローバルな事業展開を進めています。

グローバリゼーションと無縁な会社はいまや存在しません。店舗型の小売業といえども、お客さんのほとんどが日本人という販売面ではドメスティックかもしれませんが、販売するものの仕入れ、調達についてはグローバルだったりします。

顧客層の変化にもあらわれています。有楽町に立地する古民家風のある居酒屋。以前は酒好きのサラリーマンでいつもにぎわっていました。それが数年前から近所の帝国ホテルなどに泊まる外国人客が連夜、次々に来店してくるようになりました。店のご主人によると、英文のガイドブックやインターネットサイトに店が紹介されてからの異変だそうです。こうした変化に対応して、店員さんは料理や酒について器用に英語で説明しています。そして、そのことがまた評判を呼んでいます。

さて、「グローバルに活躍する」ということと「海外に駐在する」ということを同列に考える、あるいは因果関係で考える若者は多くいます。採用面接の場でも、学生から「海外駐在員としてグローバルに活躍したいと考えています」といった話をしばしば聞きました。進取の気性に富むのはすばらしいことです。

それはそれとして、「グローバルに活躍する」という面でも社会は変わってきました。

国内で勤務しながら日常的に英語を必要とする仕事がどんどん増えています。オンラインでの会議や交渉もめずらしくありません。グローバルに活躍するということと、海外に駐在するということは、すでにセットではなくなりました。

日常の中で、グローバルを意識する時代にあなたは生きています。

ここで雑談。

「転勤はサラリーマンの特権だよ。生活の心配をすることなく会社の費用で国内外を問わずいろいろな場所に住んでさまざまな体験ができるんだから」

わたしが新入社員のころで、当時、人事担当役員だった方の言葉。話の力点は地方転勤を嫌がらないよう諭すことにあったかと思いますが、言い得て妙です。

ちなみに後日談というか、蛇足というか……。こう語った役員、じつは五〇歳過ぎまでどこへも転勤したことがありませんでした。その彼にチャンスが訪れたのは五〇代半ば。初めての転勤先はニューヨーク。アメリカ現地法人の社長として赴任されました。

42 変化・変身の一翼を担おう

アメリカの化学メーカー、デュポン（Du Pont）の創業は一八〇二年七月一九日。歴史はすでに二〇〇年を超え、三世紀目に入っています。「化学」というコアテクノロジーは創業以来不変ですが、その技術力から生み出される製品、そして事業は、時代とともに変化・変身を遂げ、今日にいたっています。

二〇一七年にはダウと統合してダウ・デュポンとなり、二〇一九年には事業再編を実施したのを機にデュポン・ド・ヌムールに改名しました。

しかし華麗なる変身を続けることは容易ではありません。その好例がフィルム業界にあります。

二〇世紀末にカメラがデジタル化されるまで、写真を撮るにはフィルムが必要でした。そして、その世界でジャイアントと呼ばれていた世界一の写真フィルムメーカーがアメリカのコダック（EASTMAN KODAK）であり、二番手が富士写真フイルム（現・富士フイルム）でした。

二一世紀に入りデジタルカメラが急速に普及していくと、それに反比例してフィルムおよびDPEの売り上げは急降下し、たった数年でほぼゼロになってしまいました。アナログからデジタルへというイノベーション、時代の変化が、写真フィルムという事業を消し去ってしまいました。

その結果として、コダックと富士フイルムの両社の明暗がはっきりと分かれました。

コダックは二〇一二年一月、連邦破産法の適用を裁判所に申請する事態に陥りました。もともとデジタルカメラの原型は同社が開発したものであるだけに皮肉なことですが、時代の変化に対応できなかった同社には、往年の輝きはもはやありません。

一方、富士フイルムは、化粧品や医薬の新規事業が育ちつつあります。たとえば、同社がM&Aで傘下に収めた富山化学工業（現・富士フイルム富山化学）が製造するインフルエンザ治療薬「アビガン」がエボラ出血熱にも効果があるとされ、一躍脚光を浴びたことは象徴的でした。くわえて、二〇二〇年には新型コロナウイルス感染症の治療薬候補として一段と知れわたりました。

変身を続けることのむずかしさと大切さを示すもうひとつの事例をノキア（NOKIA）に見ることができます。

フィンランドに本社を置く同社は、一八六五年に製紙会社としてスタート。一五〇年を超える歴史があります。事業内容は初期の製紙業に加え、その後、ゴム製品や、電話・電信ケーブルなどに変化し、一九八〇年代にはパソコンも手がけましたが、のちに撤退します。ウィキペディアによると、「現在でもノキアの名前でゴム長靴などを製造・販売している」といいます。

この会社が世界的に知れわたるようになったのは、携帯電話事業の成功でした。一九九八年から二〇一一年まで、シェア・販売台数ともに世界一。日本では、のちにガラケーと称される国内メーカーの端末が市場を席巻していたため、ノキアの知名度はさほど高くありませんでしたが、海外に出かけるとノキアの携帯電話特有の着信音"Nokia

Tune"が街のあちらこちらで鳴っているのが聞こえたものです。

しかし、同社は携帯電話からスマートフォンへの時代の変化に乗り遅れました。その結果、二〇一三年九月にはマイクロソフトがノキアの携帯電話事業の買収を発表し、翌二〇一四年四月に実行されました。この買収にともない、世界中で約五〇〇〇人の従業員がノキアからマイクロソフトに移籍したといわれます。


『日経ビジネス』が一九八三年九月に「企業の寿命は三〇年」という特集を組んだことがあります。たしかにそうした側面があることから、いまも流布している言葉です。けっして油断していたわけでも慢心していたわけでもないであろうに、数多くの企業が世の中から消え去っていきました。まさに栄枯盛衰です。

とはいえ、創業から一〇〇年を超える企業もたくさんあり、世界的に見ても、日本は長寿命の会社がきわだって多いといわれています。

これは、いまあげた例からもわかるように、時代の変化と軌を一にして変化・変身できるかどうかにかかわっていました。その意味で、「企業の寿命三〇年」というより、「事業の寿命三〇年」と考えるほうが現実を言い当てているといわれます。各社が、現行事業の好調さに安心せず、つねに新規事業による多角化を模索して研究開発に力を入れている理由がここにあります。

社会は変化・変身します。それに呼応して、会社は変化・変身していかなければ存続はできません。

そして、会社の実態は人です。ですから、会社が変化・変身するということは、すなわち会社の構成員である社員が変化・変身するということです。

月日がたち仕事に慣れていくにつれて、毎日が同じことの繰り返しに陥りがちです。「変えないことは悪で、変えることは善だ」というくらいの意識をもち、つねに新しいことに積極的にチャレンジして、みずからを変化・変身させることが期待されます。

しかし、変えることは口で言うほど簡単ではありません。変えるには「ちょっとの勇気」が必要です。ぜひ、ちょっとの勇気をふるって、前へ前へと進んでいきましょう。

おわりに

先日、自宅の本棚を眺めていたら、『新入社員の90日』という本が目に入りました。この本は、私がキヤノンに入社する前の内定期間中に読んだものです。すっかり忘れていましたが、のちに伴侶となる彼女からのプレゼントです。

著者は鈴木健二さん。当時、ＮＨＫの人気アナウンサーで、著者紹介には一九二九年生まれとありますので、刊行時は五〇代の初めだったことになります。奥付のページに、読み終えた日付と感想が鉛筆で書かれていました。

「一九八〇年一一月一四日　厳しいな！　不安と期待のまぜご飯」

大学四年のわたしが、社会人になる前にそんなふうに感じていたとは意外で、われながら驚きました。

目次を見てみました。

冒頭は「遅刻をするな」。そして「学校の勉強を続けろ」「読書を嫌うな」。このあたりは本書でもとりあげたところで、やはり普遍的なアドバイスだと再認識しました。

ちなみに、「雑巾を用意しろ」「お茶を汲め」といった項目がありますが、これはいまの若い人は意味がわからないでしょう。当時、若手が当番制で、始業前にみんなの机の上を雑巾で水拭きしたり、一〇時と三時には、お茶やコーヒーを淹れてみんなに配ったりしたものです。いまや、信じられないですね。

さて、四〇年をへても変わらないことが少なからずありますが、やはり、経済社会のいろいろなことが、大きく変化しました。そして、これからも変わっていくのでしょう。

世の中を切り拓いていくのは、いつの時代も若い世代です。

日本社会は高齢化が進み、若い人にとっては年齢が上の人がたくさんいて、めんどうな社会かもしれません。しかし、年長者には長年の経験で貯えられた知識・知恵があります。それを上手に利用し、成長の糧にしてほしい。

何のために働くのか。それは幸せになるためです。自分の幸せ、家族の幸せ、もっと広げて社会の幸せ。わたしはそう信じています。

いい社会人人生を。健闘を祈ります。

◇　◇　◇

最後に。

この本は井上一夫さんが編集を担当してくださいました。長く岩波書店の編集者だった井上さんに初めてお会いしたのは一九九七年八月。わたしは社内報の編集長として、「特集・秋本番、本腰入れて本を読む」の取材で、神田神保町の岩波書店を訪ね、当時、岩波新書編集責任者だった井上さんにお話をうかがいました。そしてそれから一五年後の二〇一二年、井上さんに手紙を書きます。『〈銀の匙〉の国語授業』（岩波ジュニア新書）のあとがきで、著者である灘校の橋本武先生が井上さんに謝意を表されているのを読み、心を動かされたからです。井上さんから無沙汰を詫びる懇切なお手紙をいただき、交流が復活したのは二〇一五年。それ以来、ときにお酒の場をごいっしょする仲に。

そのお付き合いのなかで、井上さんにわたしが綴っていた文章をお見せしたところ、興味をもってくださった。そんな奇縁からこの本は生まれました。

井上さん、ありがとうございました。

渡辺　幸啓

渡辺　幸啓（わたなべ　ゆきひろ）

1958年東京生まれ。1981年同志社大学法学部政治学科卒業。同年、キヤノン株式会社入社。人事総務、経営企画、渉外広報部門などを担当。「キヤノン70年史」では社史編纂室長として制作に携わった。また、創立70周年を記念して設立されたシンクタンク、キヤノングローバル戦略研究所の事務局長を務めた。現在は、所属部門の若手向けに「伸びるためのヒント」「文章講座」「会社の歴史を学ぶ温故知新」など、オリジナルの教育プログラムを開発し、先生役を務めている。

入社して3年間はとても大事
伸びるためのヒント42

2021年2月22日初版第1刷発行

著　者　渡辺《わたなべ》 幸啓《ゆきひろ》

発行所　株式会社 本の泉社
〒113-0033 東京都文京区本郷 2-25-6
電話：03-5800-8494　Fax：03-5800-5353
mail@honnoizumi.co.jp ／ http://www.honnoizumi.co.jp

発行者　新舩海三郎
ＤＴＰ　田近　裕之
印　刷　音羽印刷　株式会社
製　本　株式会社　村上製本所

ISBN978-4-7807-1988-8　C0036